홈 페 이 지　https://hanzdoll.com
인　스　타　instagram@hanzdoll
네이버카페　인형 옷 온라인 클래스
　　　　　　https://cafe.naver.com/hanzdoll03

이야기가 있는
달보라의 인형옷 패턴북

33cm 인형의 의상과 소품

Contents

A
베이직원피스, 두건
P.4

B
에이프런
P.4

C
드로어즈
P.6

D
퍼프소매원피스
P.8

G
플랫칼라원피스, 빕
P.14

H
피나포어
P.16

I
코트형원피스, 클로슈
P.18

J
요크핀턱원피스, 헤어캡
P.22

M
셔츠, 청바지
P.30

N
티셔츠, 오버롤
P.32

O
더플코트
P.36

P
스타킹
P.8

Column

인형 가구
p.44

클레이 단추
p.45

OOAK custom doll by Vassabika
p.46

how to make

1. 손쉬운 바느질을 위한 기본 도구 p.50
2. 진짜 왕초보 레슨 p.52
3. 도안의 기준 사이즈 p.55
4. 작품을 만들 때 자주 등장하는 테크닉
p.55

만드는 방법, 실물 크기 도안
p.57

E
그래니원피스
P.10

F
바스가운, 헤어밴드
P.12

K
프릴핀턱원피스
P.24

L
핀턱원피스, 보닛
P.28

Q
만두보닛
P.38

R
볼캡
P.39

S
트루퍼햇
P.40

T
모카신
P.41

Dalbora Books

c 드로어즈

스커트 아래로 살짝 보이는 드로어즈의 나풀거리는 토션 레이스는 상상만으로도 사랑스러움을 극대화해요. 소녀에겐 머스트 해브 아이템. 만들기도 쉬워서 여러 가지 패브릭과 레이스, 다양한 컬러로 구비해 놓고 코디해 주고 싶어요.

how to make … page 62

D 퍼프 소매 원피스
P 스타킹

사랑스러운 소녀를 위해 특별한 옷을 만들어주고 싶었어요. 빨강·노랑·파랑 비비드 컬러에 오리를 그려 넣은 유니크한 패턴의 패브릭, 귀여움을 한 스푼 더해주는 퍼프 일명 뿅소매와 플랫칼라를 변형한 재미있는 라인의 칼라

how to make … page 64, 135

E 그래니 원피스

화장대 앞에서 엄마가 하는 모든 일상이 소녀에겐 꿈같았어요. 물끄러미 바라보는 소녀의 얼굴에도 마스크팩 한 장 붙여주어요. 깨알 재미 마스크팩 패턴을 찾아보세요. 달보라는 청소포를 사용했어요.

how to make ⋯ page 68

F 바스 가운, 헤어밴드

얇은 사은품 수건으로 만들어요. 한 장의 수건 안에는 직조가 다른 부분이 있어서 서로 결이 다른 바스 가운·수건·헤어밴드를 만들 수 있어요. 단, 타월지는 반드시 오버로크 처리를 해주셔야 해요. 샤워캡은 이어캡으로 대신해요.

how to make … page 71

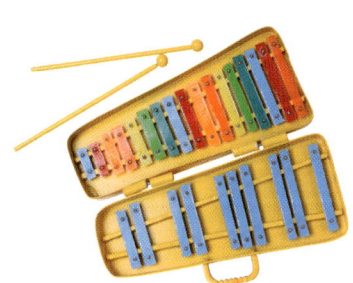

G 플랫 칼라 원피스, 빕

알록달록 무지개 색깔 실로폰. '반짝반짝 작은 별'부터 '맥도널드 아저씨'를 색깔 따라 멋지게 연주해요. 소녀의 실로폰 연주 한 번 들어 보실래요?

how to make ··· page 76

H 피나포어

수다스러움과 천진함, 거침없음으로 무장한 갈래머리 소녀의 낙천적 매력에 흠뻑 빠지다 보면 어느새 나는 소녀가 되어 있곤 했어요. 상상하기 좋아하고 이름 짓기 좋아하고 작은 일에 감동하고 늘 새로운 날을 꿈꿀 줄 아는 빨강 머리 앤…

how to make … page 81

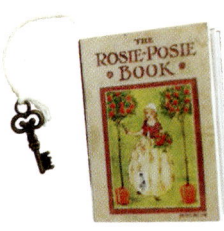

l 코트형 원피스 리넨

심플한 디자인의 리넨 원피스에 내추럴한 라피아 클로슈의 코디는 달보라가 정말 좋아하는 코디네이션이에요. 패브릭에 따라 코트도 되고 원피스도 된답니다.

how to make ⋯ page 87

teddy bear n2bear 김남정

l 코트형 원피스 울체크, 클로슈

꼬질꼬질 더럽고 듬성듬성 털도 빠져있고 누군가의 손때와 깊은 세월의 흔적이 보이던, 길거리 휴지통에 '콕' 담겨있는 테디베어를 만난 소녀가 건넨 한마디

" 안녕, 너는 누구니 "

how to make … page 87

J 요크 핀턱 원피스, 헤어캡

소녀들을 카메라 앵글 안에 담는 시간. 가끔 룸박스의 프레임에서 벗어나는 경우가 있어요. 그때 비로소 '너희들이 인형이었구나' 하는 생각이 든다니까요. 생각지도 못했는데 마음에 꼭 드는 한 컷은 서프라이즈 선물을 받을 때와 같은 기분이 들어요.

how to make … page 94

K 프릴 핀턱 원피스

무언가 잠깐 집중을 하면서 재미도 있는 킬링타임용 놀이가 있을까 했는데, 독수리 문방구에서 하루 용돈 100원을 주고 산 종이 인형이 번뜩 생각났어요. 오늘은 사각사각 가위로 종이 인형 오리기.

how to make … page 101

L 핀턱 원피스, 보닛

'하하하' 웃으면 '헤헤헤' 웃어주는, 곁에 있는 것만으로도 마음이 보송보송 따스해지는 사람들과 소소한 이야기를 나누던 햇살이 유난히 따스했던 트리아농에서의 여유로운 오후

how to make ⋯ page 103

M 셔츠, 청바지

니트 조끼를 입고 벗을 땐 머리가 헝클어져요. 다시 머리를 빗어도 빗어도 머리카락이 자꾸 빗을 따라와요.

how to make … page 112

knit vest 상상 김미리

N 티셔츠, 오버롤

" 와-야미-맛있어 "

입안에서 새콤달콤한 귤의 알갱이가 톡톡 터질 때 잠깐 눈을 감아 보세요. 소녀 시절의 하트 여왕 캐서린을 만날 수 있어요.

how to make ⋯ page 121

O 더플 코트

울긋불긋
나뭇잎들이 예쁘게 물든 어느 주말
" 이리 봐도 저리 봐도 참 예쁜 가을이다 "
how to make … page 128

Q 만두 보닛

포슬포슬 무거운 듯하면서 부드럽고 상큼하고 예쁜 케이크 오랑쥬를 만들어요. 핑크 마카롱도 올려주고 '엄마 생일 축하해' 레터링도 잊지 않아요. 엄마는 오늘 생일 케이크 덕분에 배가 하나도 안 고프대요.

how to make … page 136

R 볼 캡
넌 귀여워.
너도 알아?
how to make … page 139

S 트루퍼 해트

'비밀의 공간' 소녀는 허락한 적 없는데, 엄마는 노크도 없이 들어와 사진을 찍어요. 결국 소녀는 부끄러움에 울음을 터뜨리고 말았어요. "예의를 지켜주세요"

how to make … page 141

T 모카신

누워서 발로 그림을 그리다 보면 어느샌가 천장은 파란 하늘 스케치북이 되어 있어요. "곰돌아, 오늘은 너를 그려줄게"

how to make … page 143

" 내가 꿈꾸던 집을 가질 수 있다 "

큰일 났어요. 이 작은 가구와 소품들로 어른의 인형 놀이가 점점 더 재미있게 느껴지니 말이죠.

패브릭 벽지와 얇은 우드 합판을 1센티 너비로 잘라 헤링본 마루를 깔고 커튼을 달아 룸 박스가 완성되면, 그 안에 원하는 컬러링을 하고 냅킨을 잘라 붙인 가구와 아기자기한 미니어처 소품까지 채워 넣어요. 하루하루 달보라의 인형 놀이는 깊이를 더해가고 있어요.

천천히 조금씩 완성해 가는 인형의 집, 간단하게 완성할 수 있는 미니어처 조립 가구와 소품이 가득한 미니데코(http://www.minideco.co.kr)로 같이 구경하러 가실래요?

미니데코 룸 박스 벽면의 측판과 뒤판은 양면 사용이 가능해 1세트로 2가지의 룸 스타일링이 가능해요.

Column

' 작은 차이가 명품을 만듭니다 ' 이 카피 문구가 생각나는 알록달록 여러 가지 색의 조합이 참 예쁜 클레이 단추.

그 어떤 컬러가 더해진다 해도 잘 어우러질 것만 같지요. 작지만 큰 힘을 발휘하는 '단추', 작은 단추 하나도 신경 써서 달아주세요.

조물조물 손으로 빚어 핸드메이드 특유의 손 느낌이 살아 있는 클레이 단추. 기계로 찍어낸 듯한 기성품 단추와는 확실히 차별화되지요.

커스텀 인형 자료들을 찾아보면 OOAK라는 문구를 자주 보셨을 거예요.

" The one of a kind "

'단 하나뿐'이라는 예쁜 의미를 지니고 있는 약어랍니다.

이번 페이지에서는 달보라의 아이들을 커스텀 해주신 바사비카님을 소개할까 해요.

처음 바사비카님의 커스텀 된 아이들을 보고, '살아 움직이는 것이 아닐까' 하는 착각을 할 정도로 생동감 있는 몸짓과 표정, 실핏줄과 피붓결, 애교 주름까지 섬세하게 표현하시는 것을 보고 눈을 떼지 못할 정도여서 몇 날 며칠 사랑앓이를 하다가 한두 채 들이다 보니 어느덧 다섯 아이와 함께하게 되었어요. 분명 한 채 정도는 충분히 소장 가치가 있다는 생각을 해봅니다.

책자에 게재할 원본 사진을 흔쾌히 보내 주시고 기쁘게 허락해 주신 바사비카님께 다시 한번 이 자리를 빌려 감사의 말씀 전합니다.

instagram@ vassabika_

OOAK custom doll by Vassabika

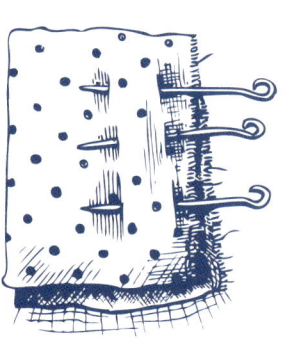

how to make

패턴북을 제대로 활용하는 7가지 방법

1 이 책의 Contents P-T 소품을 제외한 A-O는 난이도 순서대로 나열되어 있습니다.
2 이 책은 180°로 펼쳐지는 제본 형식으로 패턴 복사가 용이합니다.
3 이 책에 사용된 치수의 단위는 ㎝입니다.
4 PDF 파일의 경우 도안 옆에 그려진 2cm 테스트 룰러를 확인한 후 인쇄합니다.
5 이 책에 수록된 도안은 시접이 포함되어 있으므로, 개개인의 작업 편의성에 따라 시접을 잘라내고 완성선으로 작업합니다.
6 【만드는 방법】 그림의 겉감은 짙은 색으로 표시되어 있습니다.
7 원단 바느질 시 별도의 표기가 없으면 박음질합니다.
8 **package** 표시되어 있는 작품 패키지는 핸즈돌에서 구매가 가능합니다.

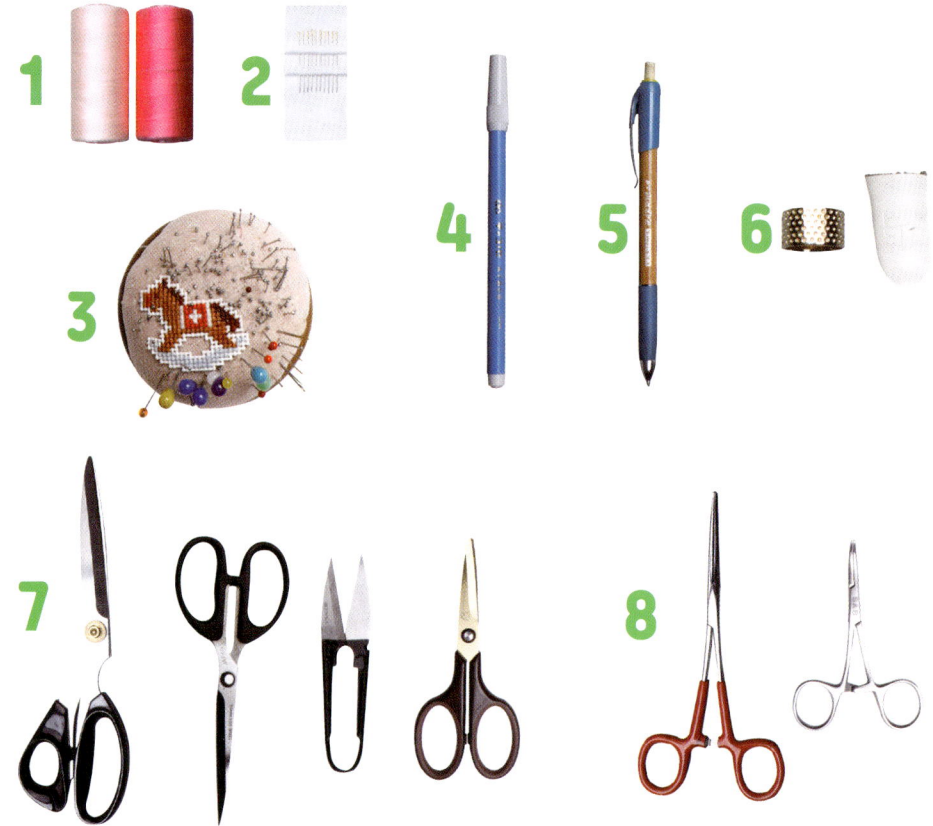

1. 손쉬운 바느질을 위한 기본 도구

1 실 면사와 합성사들이 다양하게 나와 있어 원단의 쓰임과 색상에 맞춰 사용한다.

2 바늘 원단의 두께나 용도에 맞는 호수의 바늘을 사용하는데 번호가 클수록 길이가 짧고 가늘다. 손바느질 시 보통 9호 정도의 바늘을 가장 많이 사용한다.

3 시침핀과 핀쿠션 원단과 원단을 고정시키는 역할을 한다. 시침핀이나 바늘은 핀쿠션에 꽂아 보관하면 안전하다.

4 수성펜 원단에 도안을 그려주는 펜들로 물이 닿으면 지워지는 특성을 지녀 원단에 맞게 눈에 잘 띄는 색을 사용한다.

5 샤프형 초크 샤프 형태의 초크로 어두운 색에 표시할 수 있어 섬세한 밑그림을 표현하기에 좋다.

6 골무 손바느질 시 바늘을 밀어올릴 때 사용하며 손가락이 바늘에 찔리지 않도록 보호해 주는 역할도 한다. 용도에 맞는 소재를 골라 중지나 검지에 사용한다.

7 가위 원단을 자를 때 쓰는 재단 가위, 작은 조각 원단을 잇기 편리한 패치워크용 가위, 실을 자르는 쪽가위, 종이가위 등이 있다. 원단용 가위로 원단 외의 물건을 자르지 않도록 주의한다.

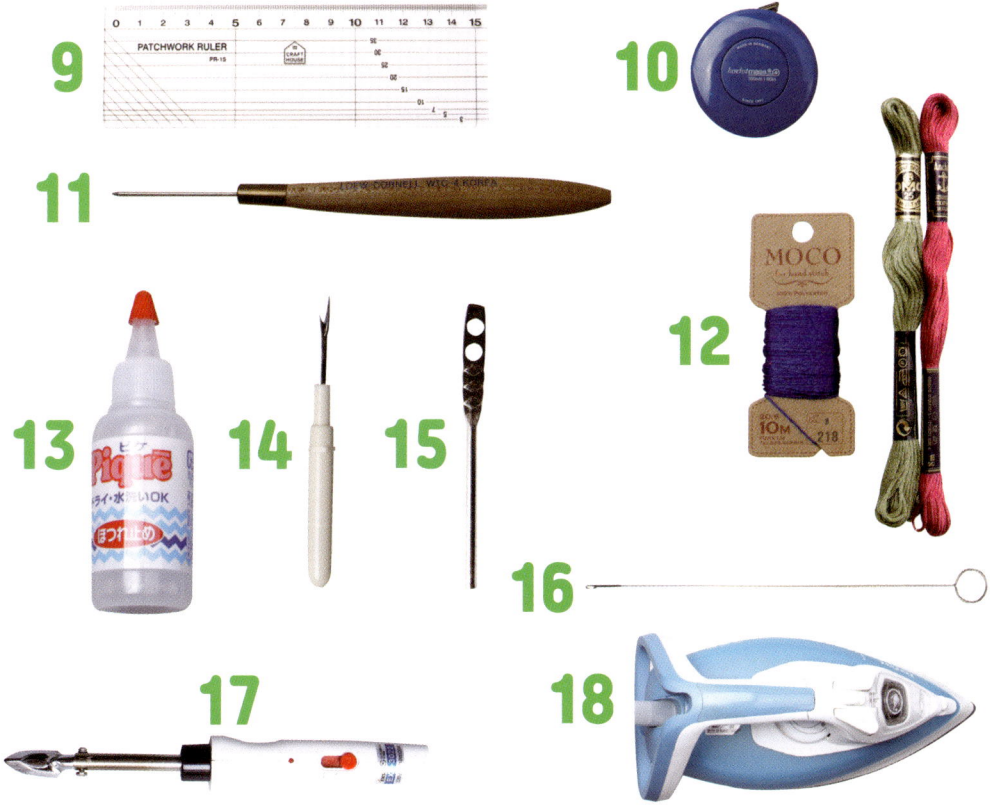

8 겸자 끝이 길고 좁아 솜을 넣을 때 용이하고 집게가 있어 원단을 뒤집을 때 편리하다.

9 15cm 시접자 정확한 수치의 시접을 그릴 때 사용한다.

10 줄자 정확한 수치의 직선이나 곡선 치수 등을 잴 때 편리하다.

11 송곳 구멍을 뚫을 때 사용하는 기구, 재봉틀 작업 시 미세한 부분의 천을 밀어 넣을 때 편리하다. 길고 가는 송곳을 추천한다.

12 자수용 색실 스티치를 하거나 돋보이는 색으로 단추를 달거나 기타 장식할 때 사용한다.

13 올 풀림 방지액 단추의 실이 풀리지 않도록 고정하거나 재단한 원단의 올이 풀리지 않도록 시접 가장자리에 발라 사용한다.

14 니퍼 바느질이 잘못되었을 경우 실밥을 정리할 때 사용한다.

15 고무줄 끼우개 소매나 허리 등에 고무줄을 끼울 때 사용한다.

16 뒤집개 길고 좁은 패턴을 뒤집을 때 편리하다.

17 인두 다리미 작은 부분, 원하는 부분만 다리거나 시접을 정리할 때 사용한다.

18 다리미 원단을 반듯하게 다리거나 시접을 정리할 때 꼭 필요한 도구다.

2. 진짜 왕초보 레슨

ⓐ 꼭 알아야 할 기본 바느질법

홈질
일정한 간격으로 바늘땀을 유지하며 일자로 바느질하는 방법으로, 원단이 주름지지 않도록 3~5땀을 한꺼번에 떠서 당긴다.

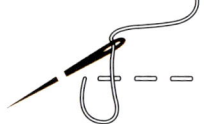

박음질
바늘땀의 길이가 같도록 한 땀씩 뒤로 빼서 촘촘하게 바느질한다.

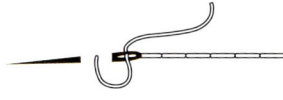

시침질
본바느질을 하기 전에 겹친 원단이 떨어지거나 밀리지 않도록 고정하는 역할을 한다. 홈질보다 땀을 넓게 잡아 바느질하고 작품을 완성한 후 시침실은 제거한다.

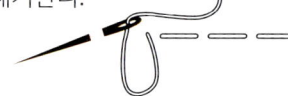

공그르기
바이어스테이프를 두르거나 창구멍을 막을 때 사용하는 방법으로, 바늘땀이 보이는 것을 최소화하기 위한 바느질법이다.

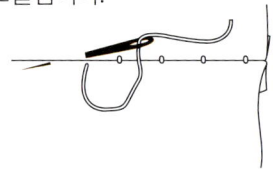

감침질
끝단을 처리하거나 아플리케 시 사용하는 방법으로, 바늘땀이 되도록이면 보이지 않도록 살짝 잡아당겨서 안쪽이 긴 사선땀이 나타나도록 한다.

실 매듭짓기
바늘에 실을 2~3회 감아 왼손 엄지로 누르고 바늘을 위로 당겨 빼내면 매듭이 생긴다.

ⓑ 선세탁과 식서 방향 잡기

새로 구입한 원단은 식서 방향이 뒤틀려 있거나 세탁 시 수축되는 경우가 있으니 재단하기 전에 세탁과 다림질로 식서 방향을 바로잡아 준다. 미지근한 물에 1시간 정도 원단을 담가 두었다가 가볍게 물기를 짜고 그늘진 곳에서 자연 건조시켜 꾸덕꾸덕 덜 말랐을 때 올 방향으로 잡아가며 다림질한다.

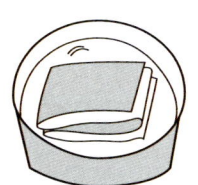

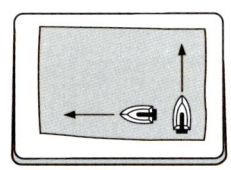

ⓒ 패턴북 내 제도 기호

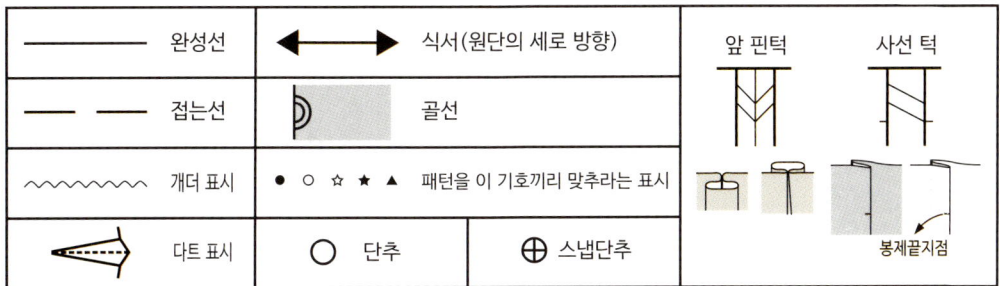

골선
원단을 두 겹으로 접었을 때 생기는 부분을 가리켜 골선이라 한다.

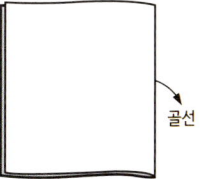

겉끼리 맞대어 박는다
원단의 겉과 겉을 마주 대어 겹치는 것을 가리켜 '겉끼리 맞대어'라고 한다.

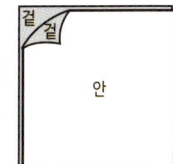

원단의 방향
① 식서(세로) 방향: 직물을 짤 때의 방향으로, 늘어나지 않기 때문에 식서(세로) 방향에 맞춰서 마름질하면 옷의 모양이 틀어지지 않는다.

② 푸서(가로) 방향: 식서 방향보다 잘 늘어난다.

③ 바이어스 방향: 원단에서 잘 늘어나는 방향으로, 바이어스를 만들 때는 45도 방향으로 잘라서 사용한다.

바이어스 만들기
원단을 45도 각도로 맞추어 필요한 폭으로 자른다.

바이어스 잇는 방법
두 장의 바이어스를 겉끼리 맞대어 직각에 맞춰서 박는다. 시접은 가름솔하고 여분의 시접은 잘라낸다.

네 겹으로 접기
바이어스를 만들 때 가장자리와 가장자리를 중심에 맞춰 접은 후, 그 중심에서 또 접어준다.

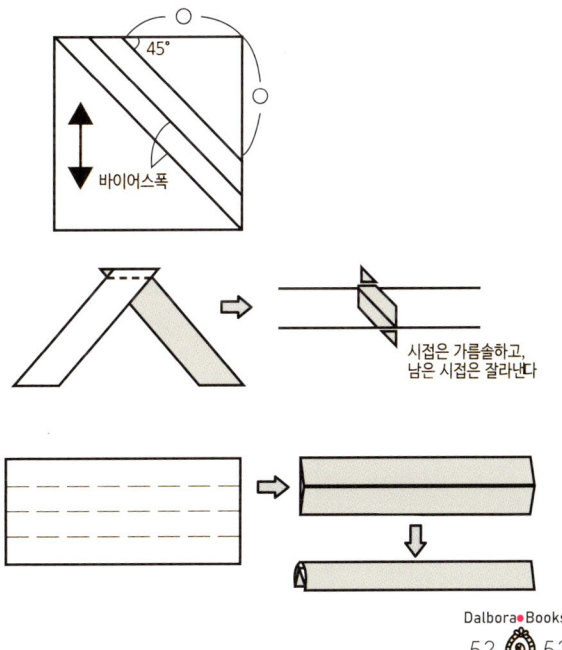

ⓓ 시접 재단 시 주의할 점

소매 끝단, 밑단, 안단은 시접이 부족하지 않도록 접은 상태에서 잘라준다.

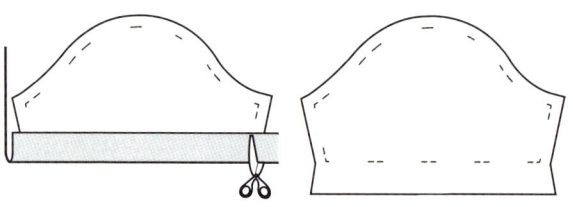
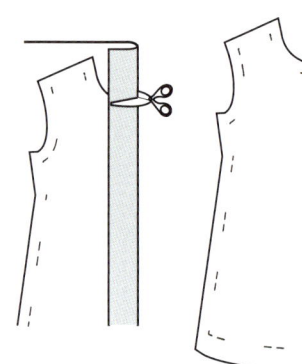

ⓔ 여밈 부분 처리하는 방법

실고리

주로 코트·원피스·스커트의 겉감과 안감을 연결해 줄 때, 허리벨트고리·단추고리에 사용하며, 자수 전용실을 사용한다.

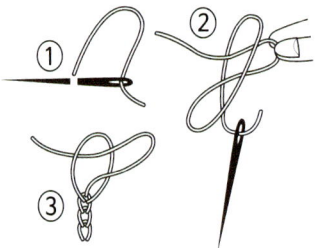

벨크로

한쪽은 갈고리, 다른 한쪽에 걸림고리가 있어 서로 붙였다 떼었다 할 수 있는 제품으로 단추, 지퍼 고리 대용으로 사용한다. 인형옷에는 1㎝ 미만의 벨크로를 사용한다.

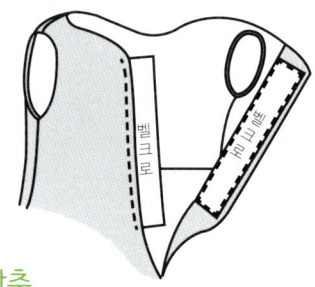

스냅 단추

볼록형(상)과 오목형(하)으로 된 일명 똑딱단추. 금속제와 합성수지제가 있다.

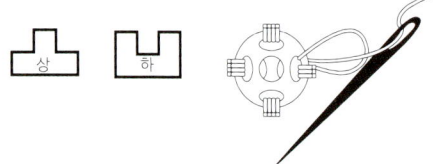

도트 단추

둥근 금속제의 스냅형 단추로 가시도트, 스프링 스냅단추, 플라스틱 스냅단추 등이 있으며, 별도의 기구가 필요하다.

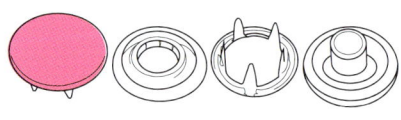

ⓕ 안단 견반 시접 배색 팁

안단이나 견반의 배색에 조금만 신경써 보자. 시접 처리에 귀여운 바이어스 테이프를 사용하거나 전혀 다른 색감의 견반을 사용해 보자. 내부가 살짝 보였을 때 더욱 멋스럽다.

ⓖ 단추 스티치

심플한 의상이라면 단추 안에 스티치를 놓아 보자. 또 다른 포인트가 될 수 있다. (줄기와 잎사귀는 패더 스티치, 꽃봉오리는 프렌치넛트 스티치)

3. 도안의 기준 사이즈

ⓐ 이 책에 연출된 인형의 보디는 다락아이(http://darak-i.com)의 파올라 레이나 호환 구체 관절 보디입니다.
ⓑ 재는 사람의 위치에 따라 2~3㎜ 오차가 있을 수 있습니다.

단위cm

명칭	사이즈	명칭	사이즈
키	33	목둘레	7.5
가슴 둘레	15	소매 길이	10
어깨 둘레	19.5	허벅지 둘레	10
허리	14	머리 둘레	21
엉덩이	17	발바닥	5

4. 작품을 만들 때 자주 등장하는 테크닉

ⓐ 상의 어깨 연결
상의 어깨를 겉끼리 맞대어 박는다.

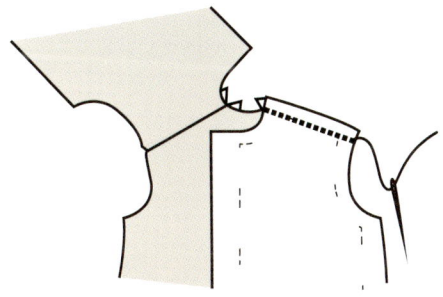

ⓑ 견반 어깨 연결
견반 어깨를 겉끼리 맞대어 박는다.

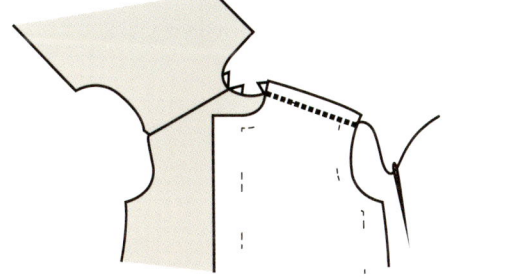

ⓒ 견반 연결
① 상의와 견반을 겉끼리 맞대어 박는다.
② 모서리 시접은 잘라내고, 곡선 시접은 가위집을 주고 견반은 뒤집어 준다.

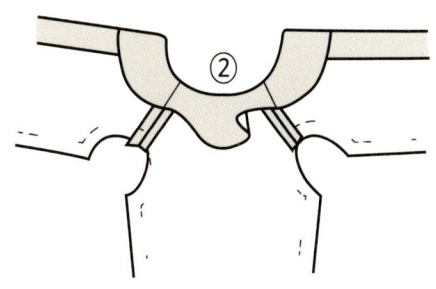
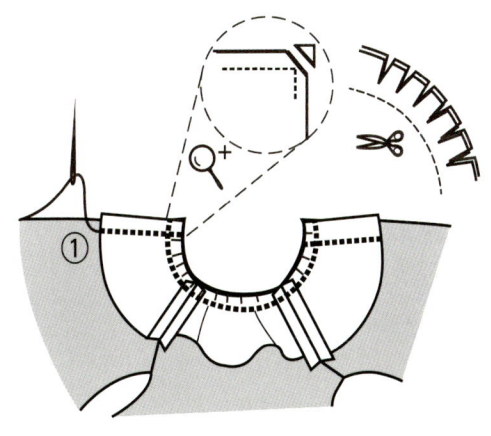

ⓓ 소매 연결

① 소매 패턴 ○~○는 홈질해 당겨서 주름을 잡는다.

② 소매 중심선과 어깨선을 맞추어 몸판과 소매의 겉끼리 맞대어 박는다.

③ 소매는 한 번 접어 박는다.

④ 앞·뒤의 옆선과 소매 밑단을 겉끼리 맞댄 다음 소맷부리부터 밑단까지 이어 박는다.

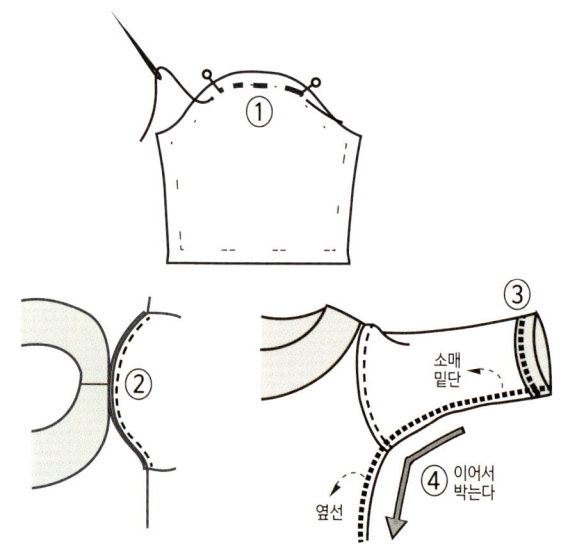

ⓔ 상·하의 연결

① 하의는 2줄 홈질해 당겨서 주름을 잡는다.

② 상의와 하의를 겉끼리 맞대어 박는다.

③ 하의의 뒤 중심선을 박는다.

④ 밑단은 0.5㎝ 두 번 접어 박는다.

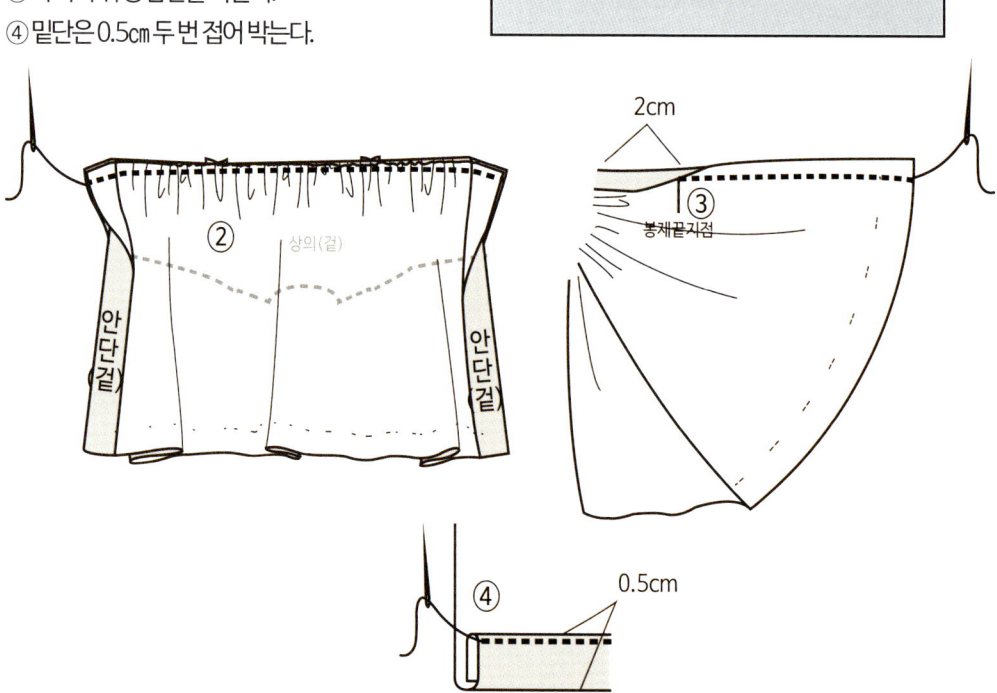

A 베이직원피스, 두건

package

【준비물】30수체크면, 망사, 프린트면, 스냅단추

【만드는 방법】

1 마름질

2 상의 뒤 다트
상의 뒤의 양쪽 다트를 박는다.

3 어깨 연결 … page 55, 4. ⓐ

4 안감 연결

① 안감 망사는 상의 겉면을 맞대어 박아 재단한다.

② 안단의 직각 부분 시접은 잘라 낸다.

③ 암홀과 네크라인은 가위집을 준다.

④ 하단을 통해 뒤집어 준다.

⑤ 상의 앞뒤를 맞대어 옆선을 박는다.

5 상·하의 연결 … page 56 ⓔ

6 단추 마무리
원피스의 정해진 위치에 스냅단추를 달아준다.

7 두건 다트
두건의 양쪽 다트를 박는다.

8 두건끈
4단으로 접어 공그르기 한다.

9 시접 처리, 두건끈 연결 마무리

① 세 개의 꼭지점의 시접은 한번 접어 준다.

② 두건끈을 넣고 시접은 한번 접어 박는다.

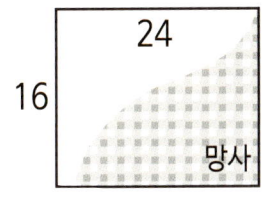

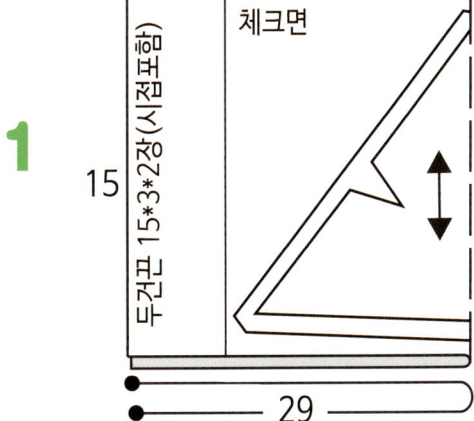

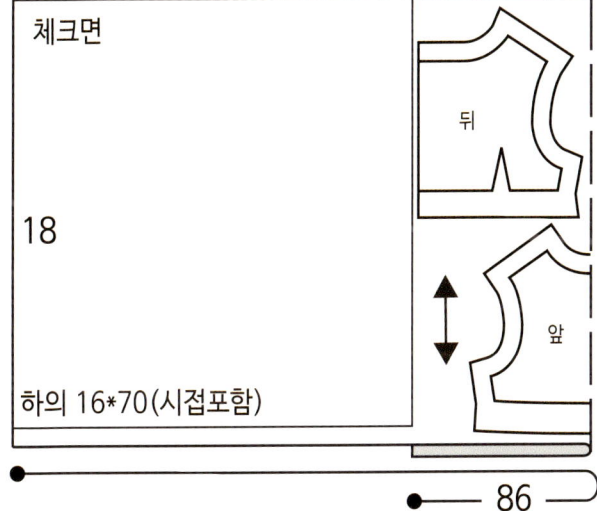

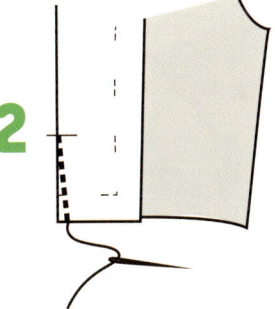

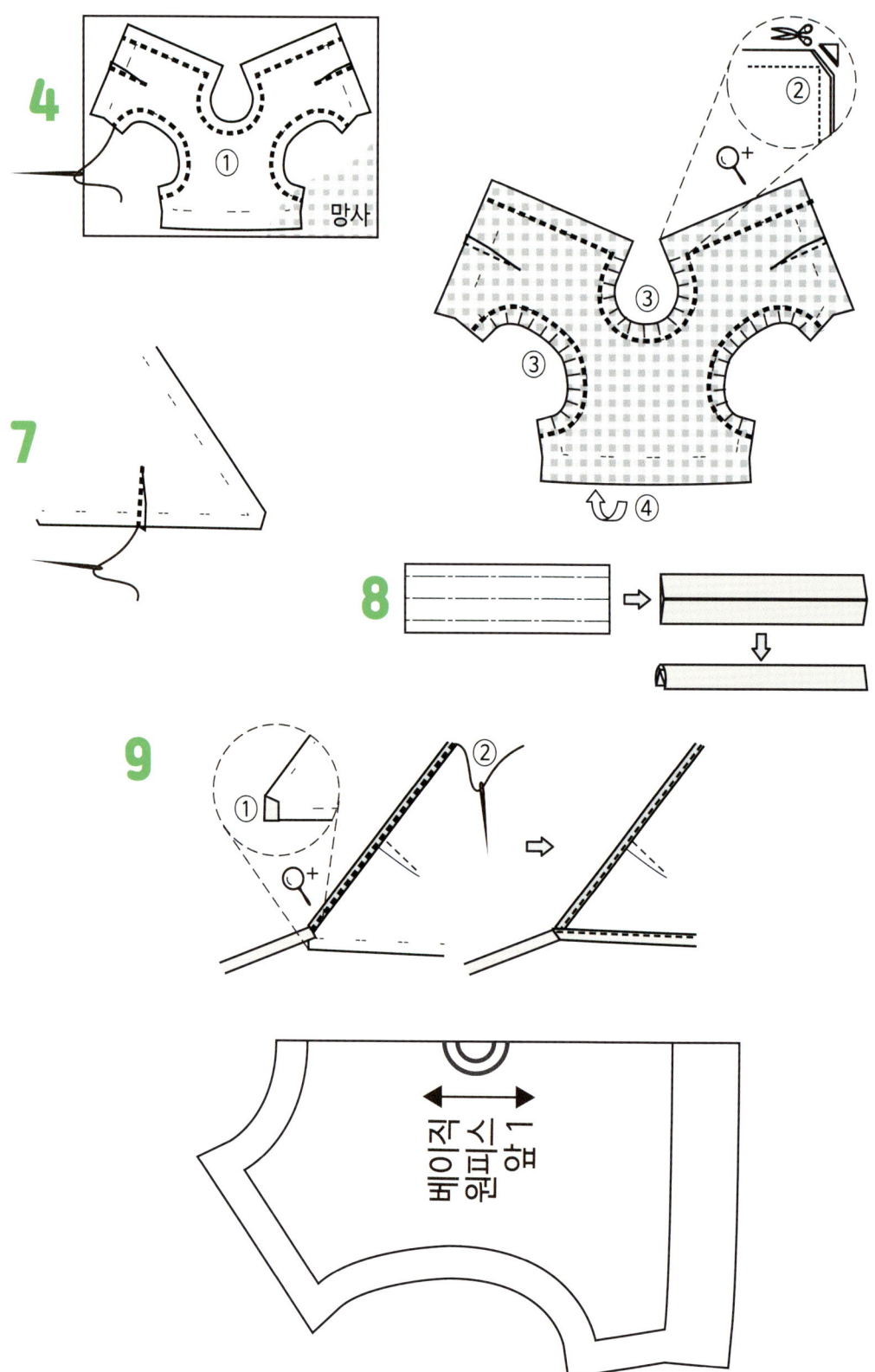

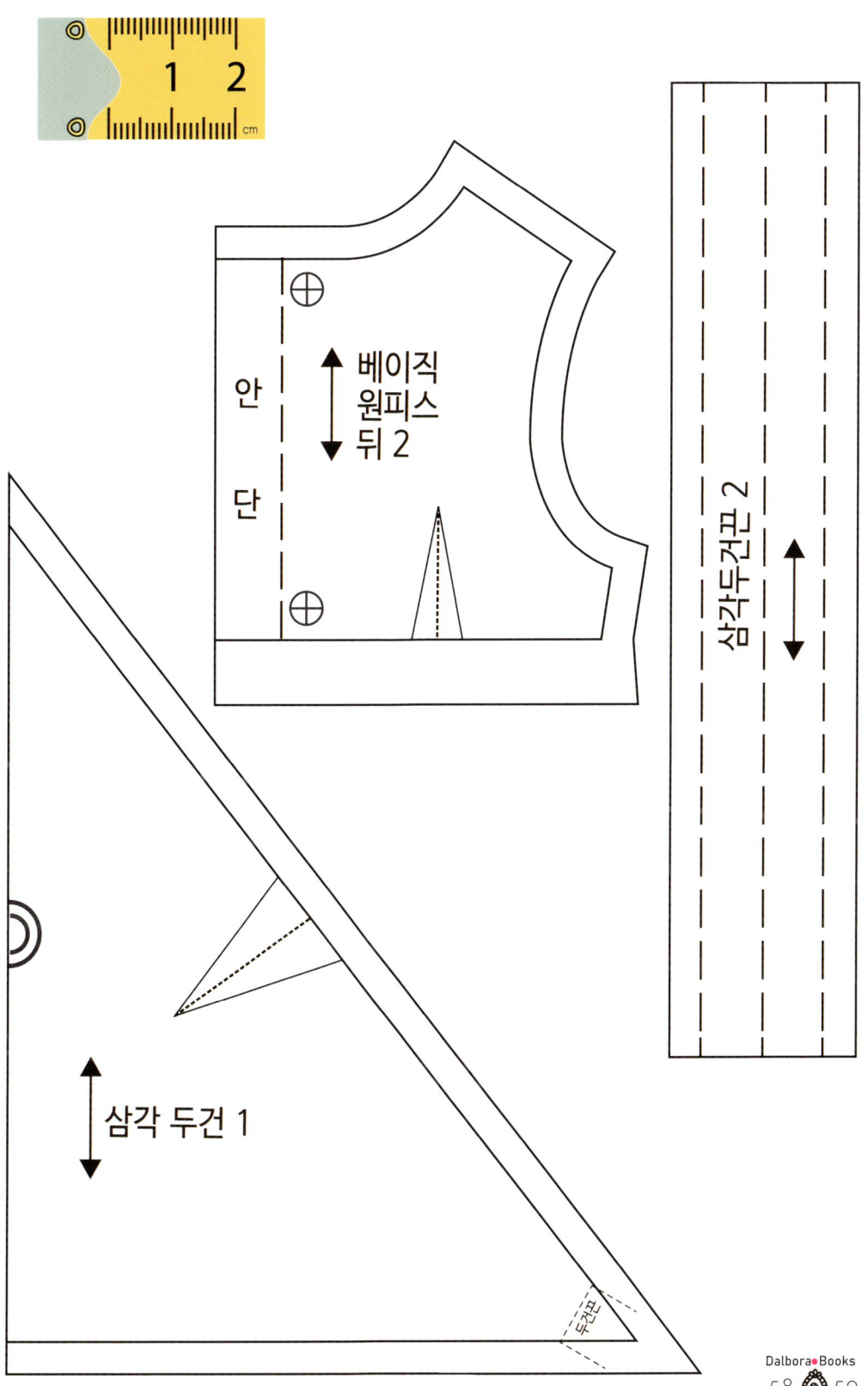

B 에이프런

package

【준비물】화이트면, 그린면, 레드면, 면레이스

【만드는 방법】

1 마름질

2 아플리케

① 줄기 부분은 체인스티치 한다.

② 잎사귀와 앵두 열매는 버튼홀 스티치로 연결 또는 아플리케 한다.

3 턱(주름)

빗금의 높은 쪽에서 낮은 쪽으로 원단을 접어 박는다.

4 면레이스 연결

① 에이프런과 면레이스를 겉끼리 맞대어 박는다.

② 0.1cm 상침한다.

5 에이프런끈 연결

① 4단으로 접어 준비한다.

② 에이프런과 에이프런끈을 겉끼리 맞대어 박는다.

③ 0.1cm 상침 또는 공그르기 한다.

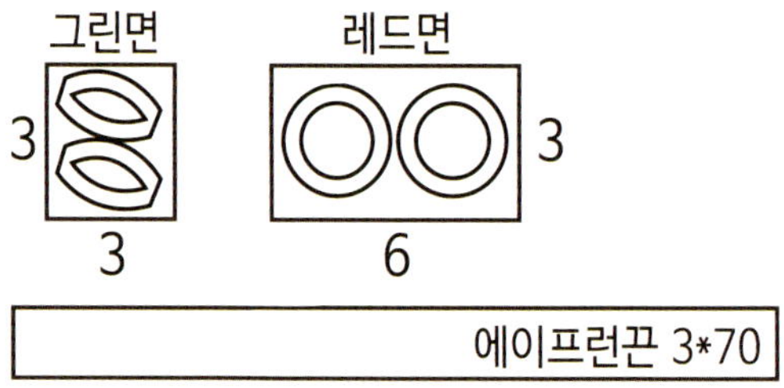

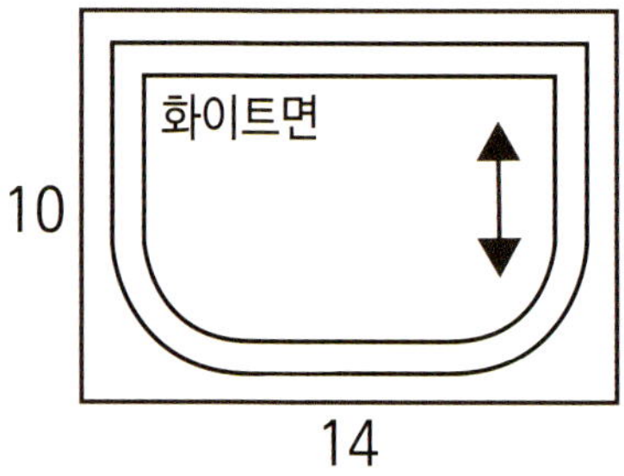

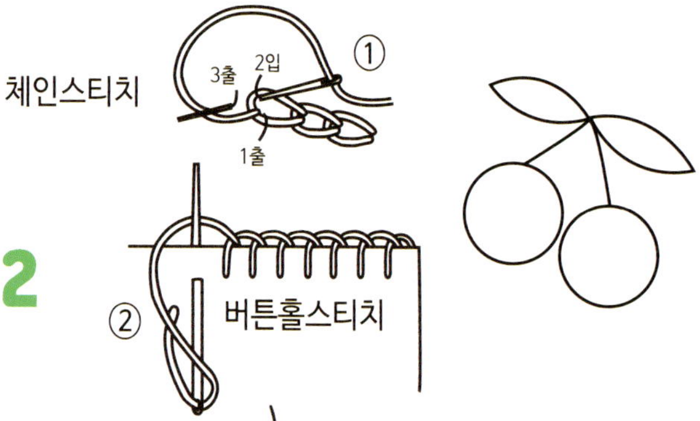

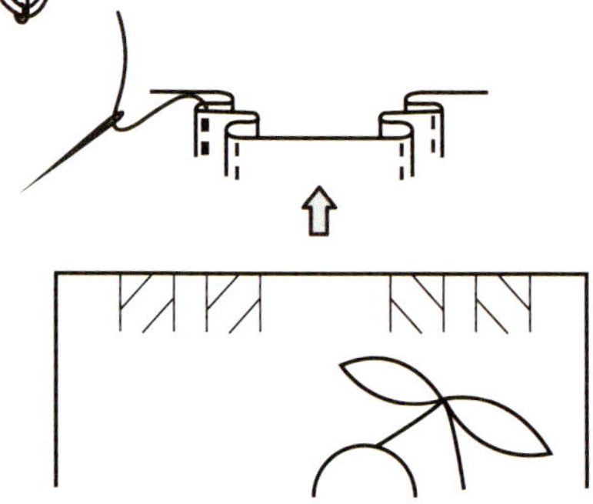

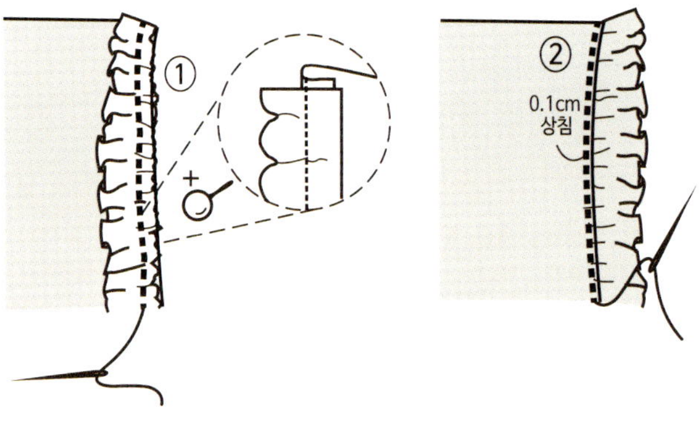

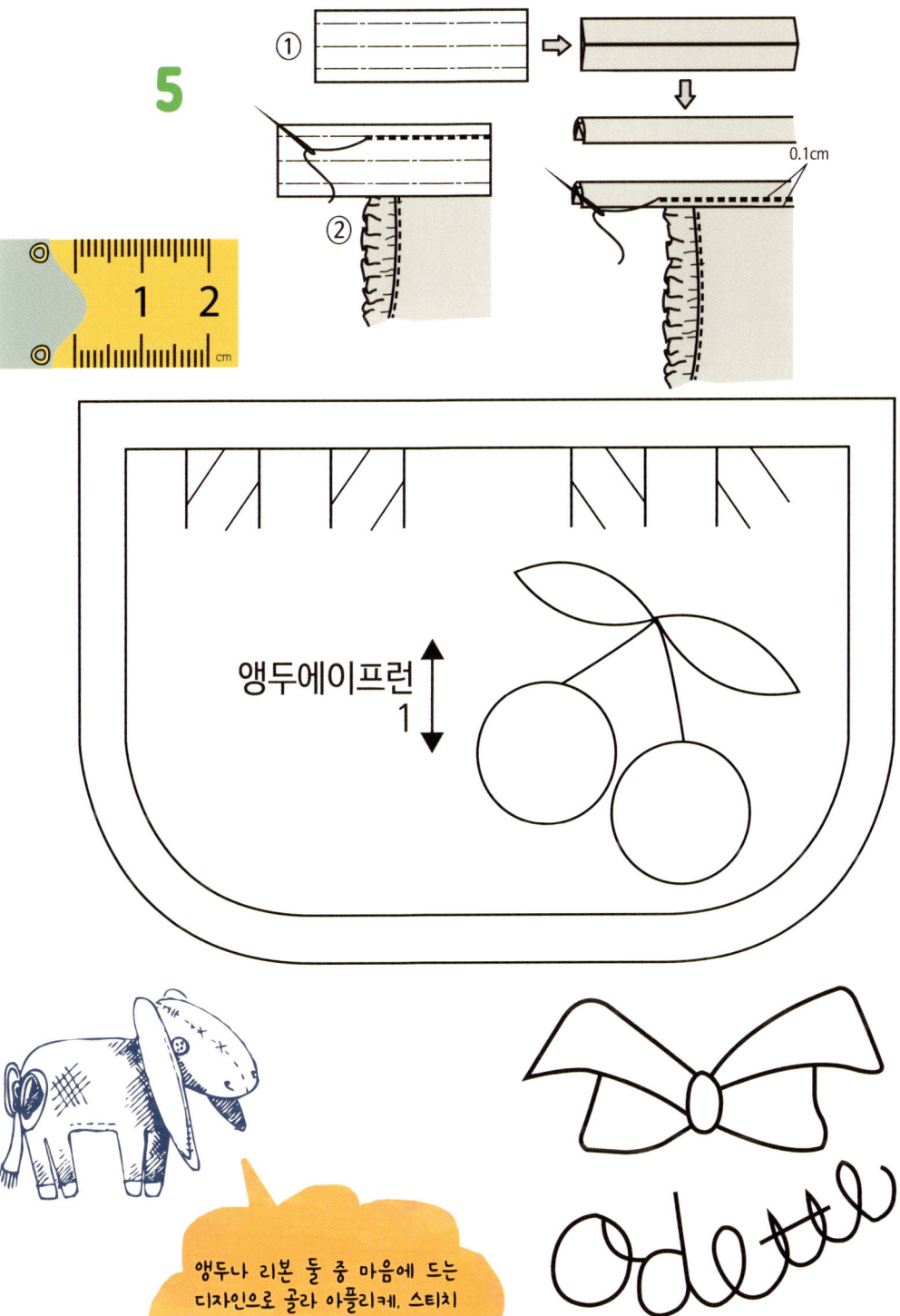

앵두나 리본 둘 중 마음에 드는 디자인으로 골라 아플리케, 스티치 해 보세요. 밋밋한 의상에 간단하게 포인트 주기 좋아요 ♪

C 드로어즈

package

【준비물】레이스원단, 고무토션레이스, 0.7㎝고무줄

【만드는방법】

1 마름질

2 레이스 연결

① 드로어즈와 고무토션레이스를 겉끼리 맞대어 박는다.

② 0.1㎝ 상침한다.

3 드로어즈 앞·뒤 연결

드로어즈 앞·뒤를 겉끼리 맞대어 박는다.

4 드로어즈 좌·우 연결

드로어즈 좌측 겉과 우측 겉을 겉끼리 맞대어 박는다. (앞-밑위-뒤 순으로 연결)

5 마무리

① 고무줄 통로의 입구를 제외하고 두번 접어박는다.

② 도구(전용도구 또는 옷핀)를 사용해 고무줄을 끼워준다.

③ 고무줄의 양끝을 연결한다.

④ 고무줄 통로의 입구를 박는다.

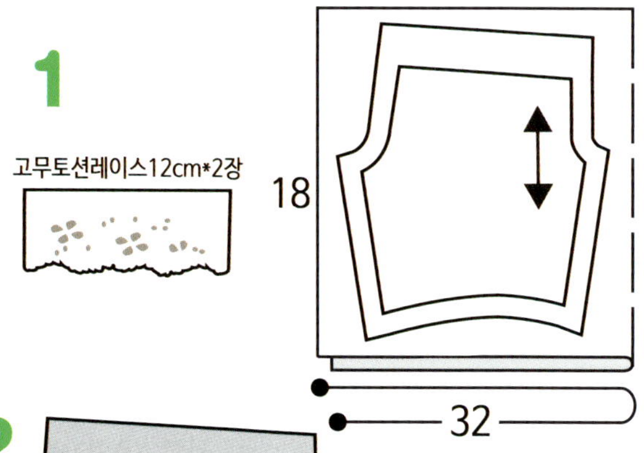

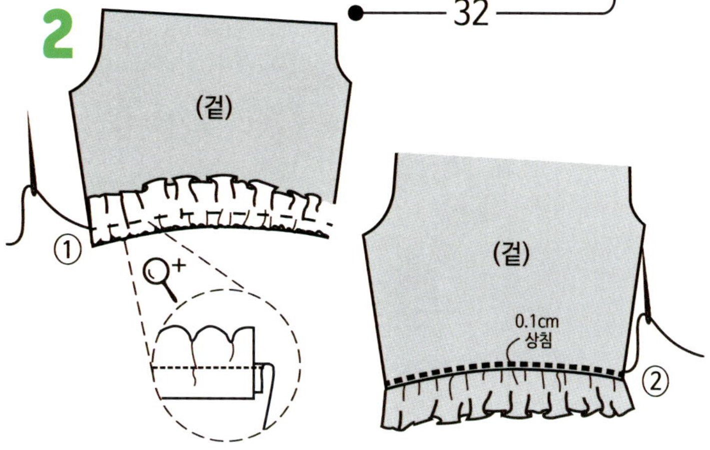

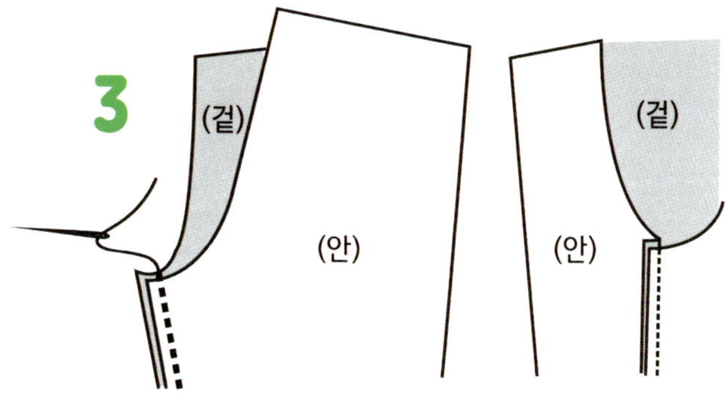

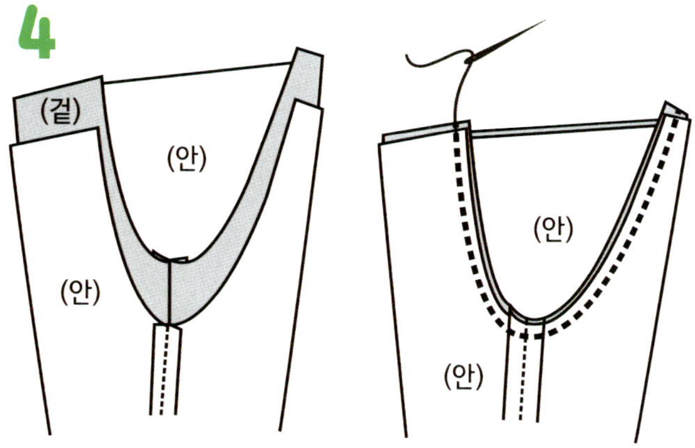

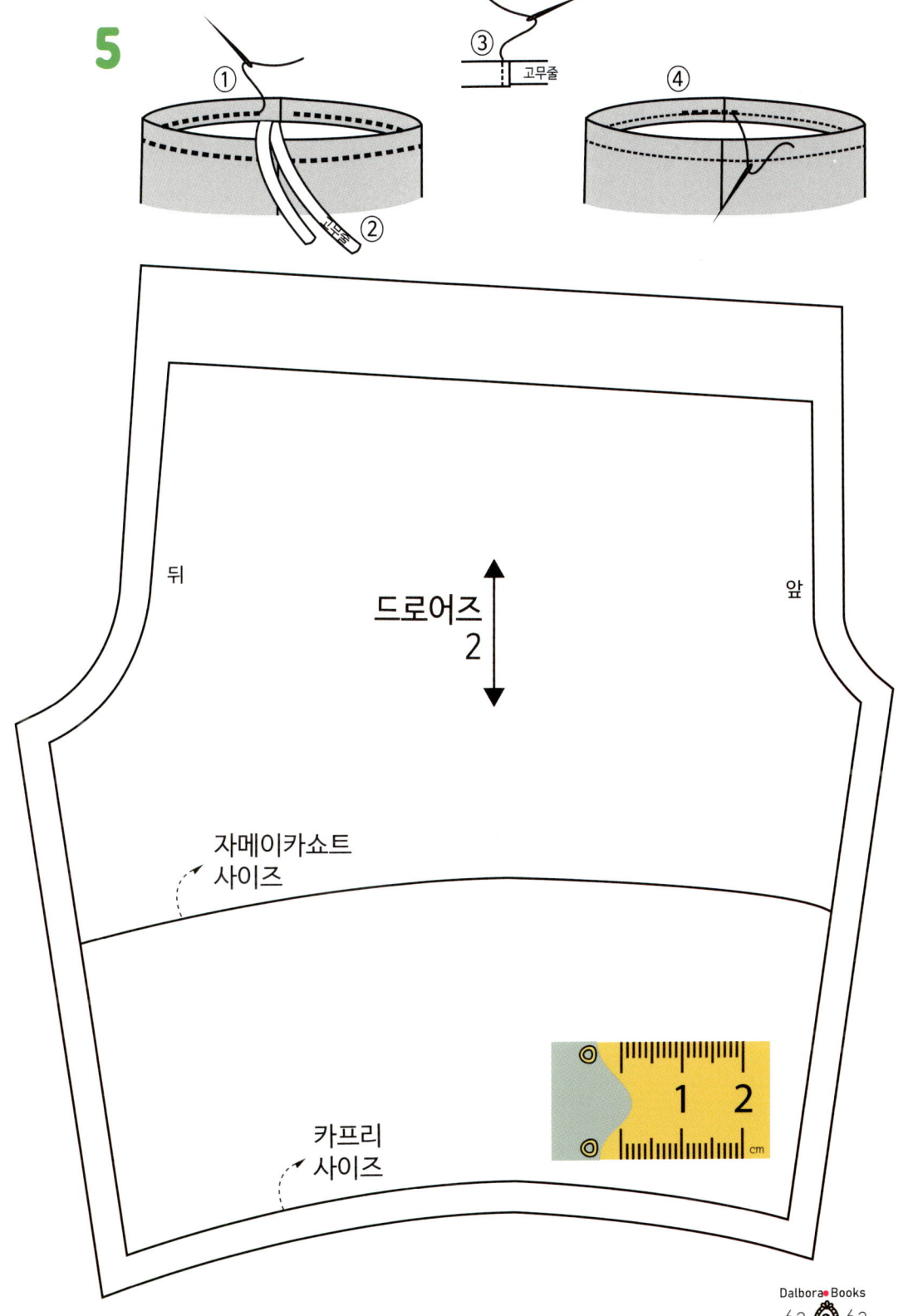

D 퍼프소매원피스
package

【준비물】프린트리넨, 화이트리넨, 프린트면, 스냅단추

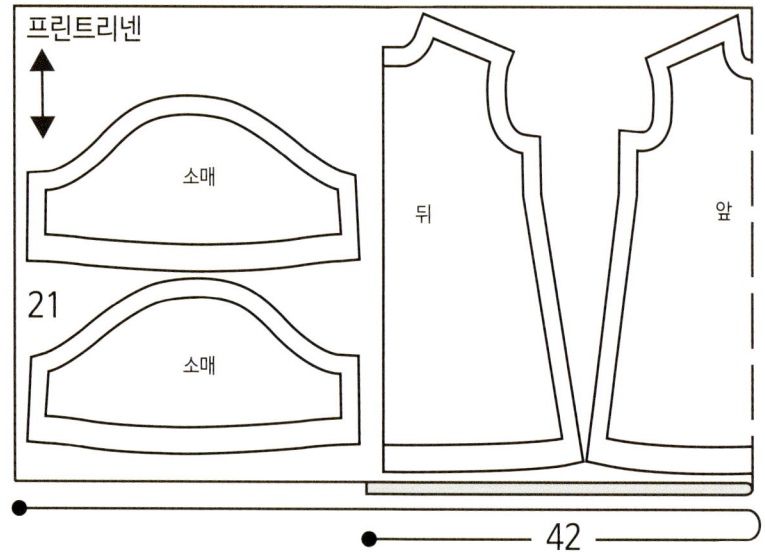

【만드는 방법】

1 마름질

2 어깨, 견반어깨 연결 … page 55, 4.ⓐ,ⓑ

3 칼라

① 칼라를 겉끼리 맞대어 박는다.

② 가위집을 주고 창구멍을 통해 뒤집어 준다.

4 칼라 연결

몸판 겉에 칼라를 시침한다.

5 견반 연결

① 몸판과 견반을 겉끼리 맞대어 박는다.

② 모서리 시접은 잘라내고, 곡선 시접은 가위집을 주고 견반은 뒤집어 준다.

6 소매 커프스, 소매연결

① 소매 패턴 ○~○는 홈질해 당겨서 주름을 잡는다.

② 소매 패턴 ☆~☆는 홈질해 당겨서 주름을 잡는다.

③ 소매와 커프스를 겉끼리 맞대어 박는다.

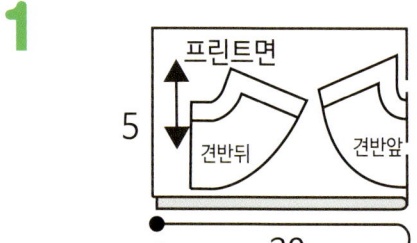

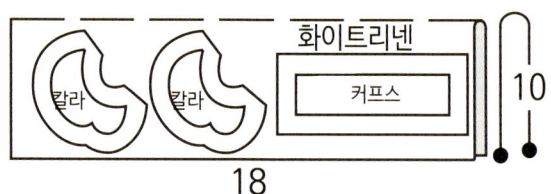

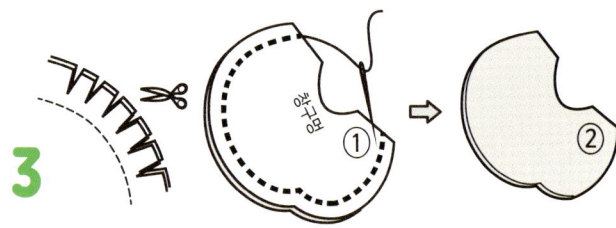

④ 소매중심선과 어깨선을 맞추어 몸판과 소매의 겉끼리 맞대어 박는다.

7 옆선 연결, 커프스 시접

① 앞·뒤의 옆선과 소매 밑단을 겉끼리 맞댄 다음 소맷부리부터 밑단까지 이어 박는다.

② 커프스는 두 번 접어 공그르기 한다.

8 중심선, 밑단, 마무리

① 스커트의 뒤중심선을 박는다.

② 밑단은 0.5㎝ 두 번 접어 박는다.

③ 정해진 위치에 스냅단추를 달아준다.

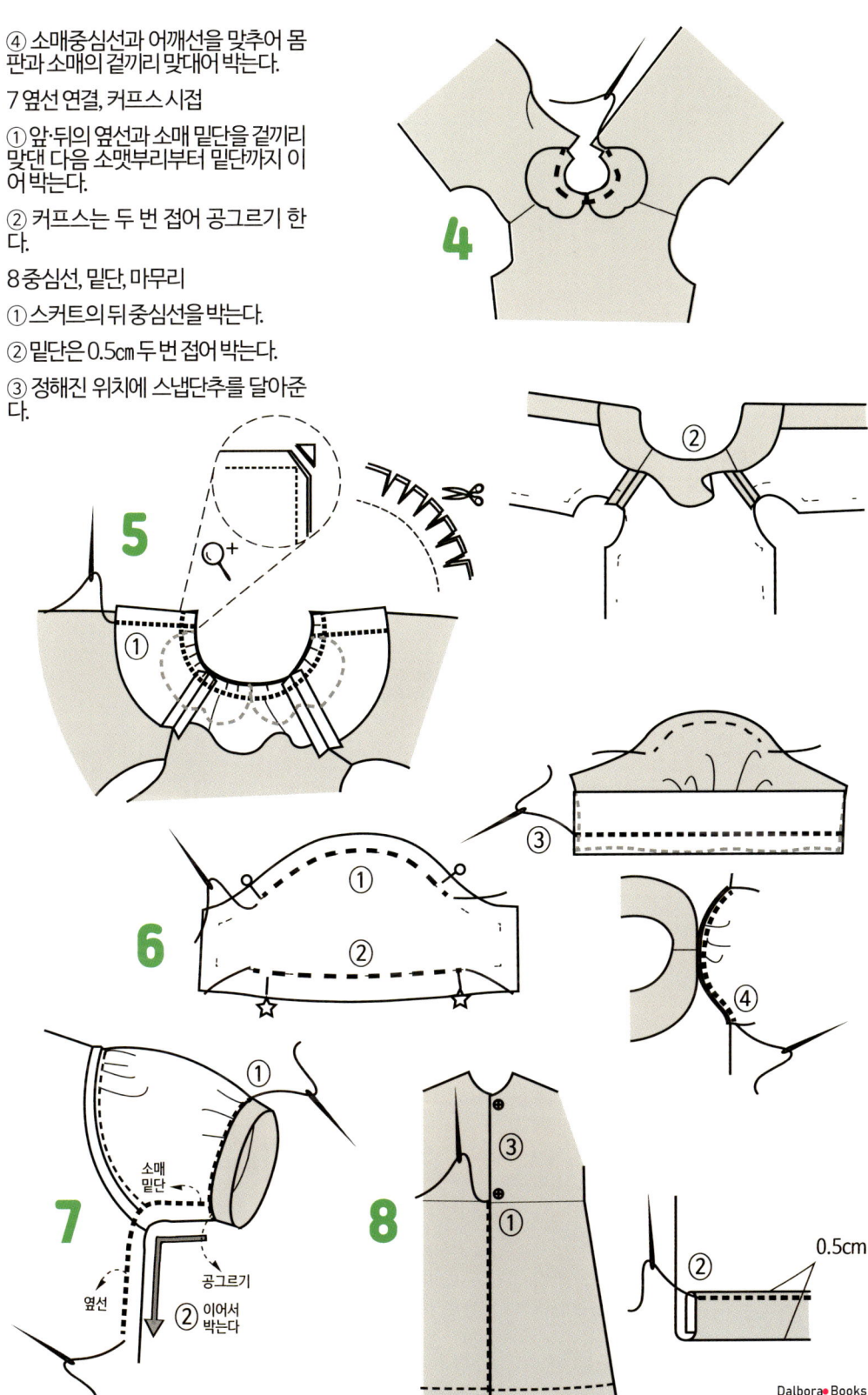

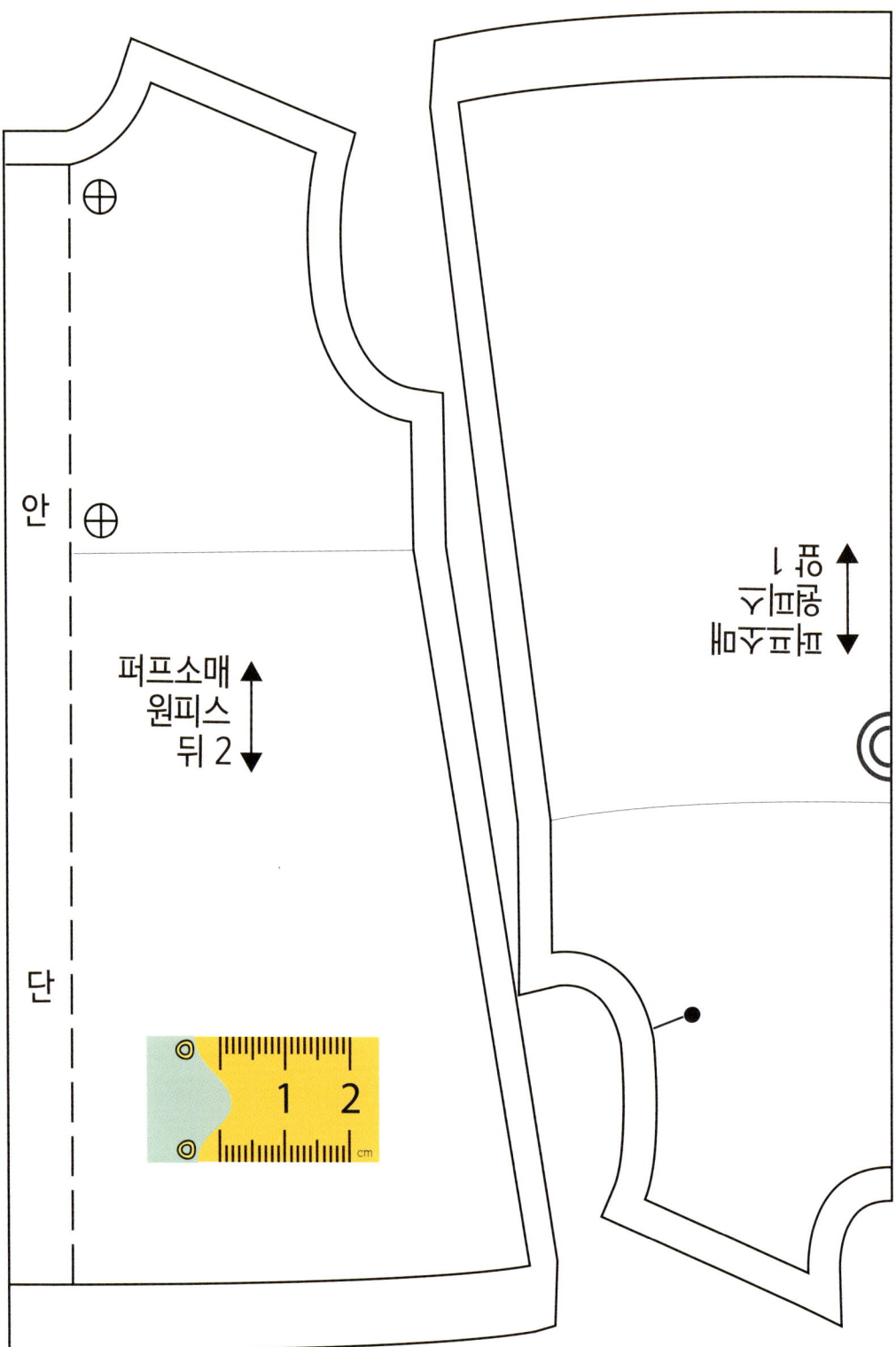

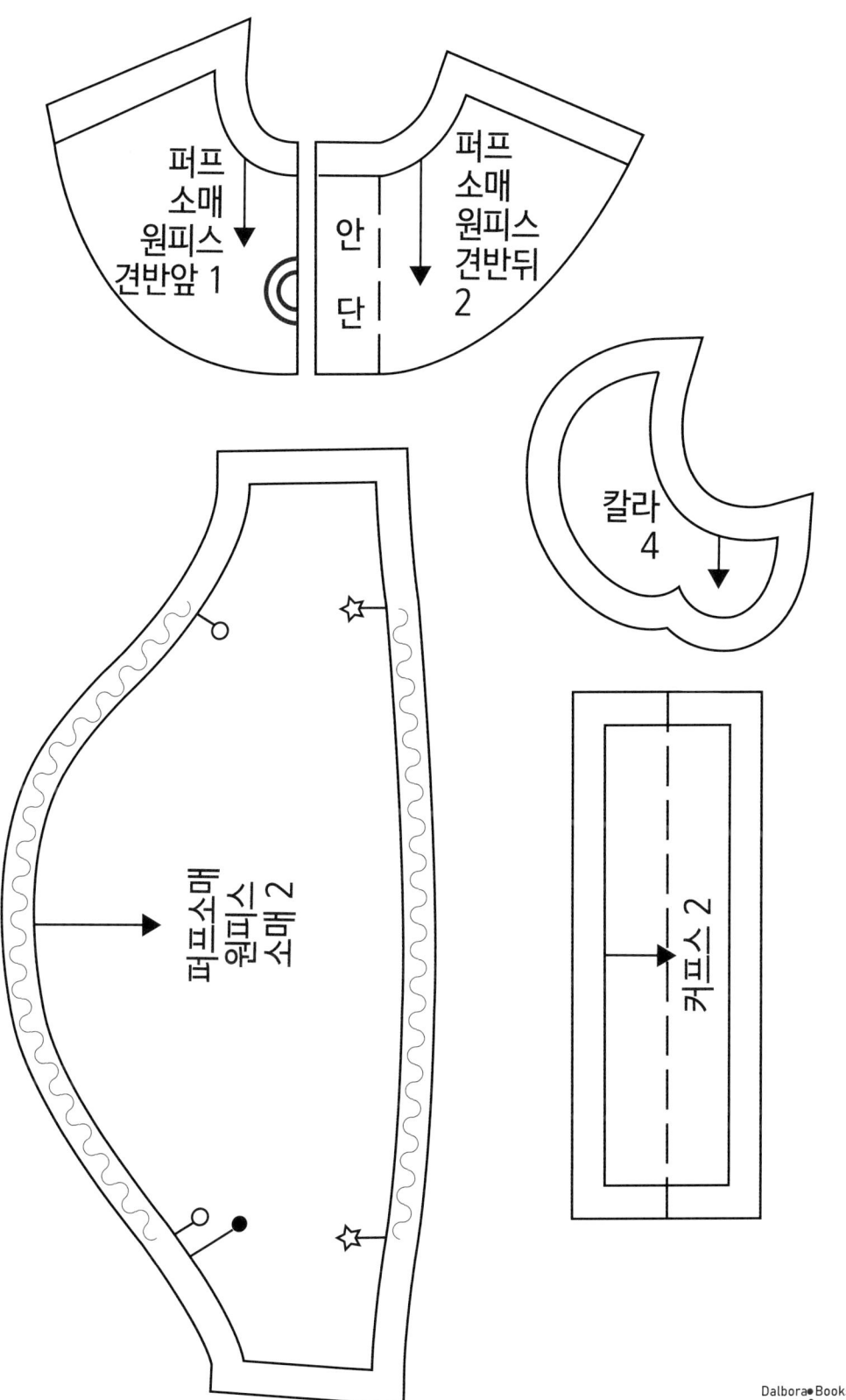

E 그래니원피스

package

【준비물】워싱거즈, 프린트면, 고무줄, 스냅단추

【만드는방법】

1 마름질

2 어깨 연결

어깨를 겉끼리 맞대어 박는다.

3 견반 어깨 연결 … page 55, 4. ⓑ

4 견반 연결 … page 55, 4. ⓒ

5 소매 연결

① 소매 패턴 ○~○는 홈질해 당겨서 주름을 잡는다.

② 소매 입구 시접은 한 번 접어 박아 고무줄을 넣어준다.

③ 소매중심선과 어깨선을 맞추어 몸판과 소매의 겉끼리 맞대어 박는다.

6 소매시접, 옆선 연결

앞·뒤의 옆선과 소매 밑단을 겉끼리 맞댄 다음 옆선부터 소매 밑단까지 이어 박는다.

7 상·하의 연결 … page 56 ⓔ

8 단추 마무리

원피스의 정해진 위치에 스냅단추를 달아준다.

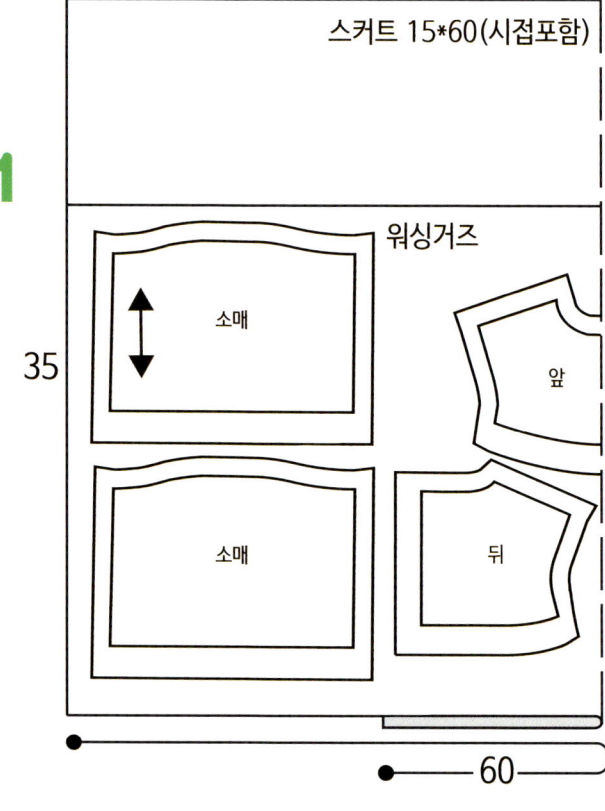

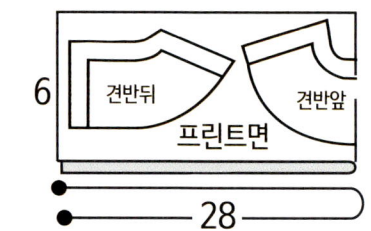

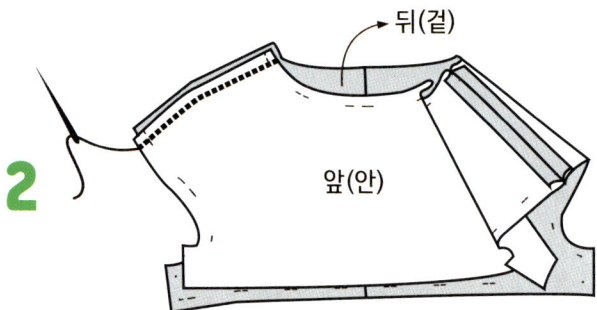

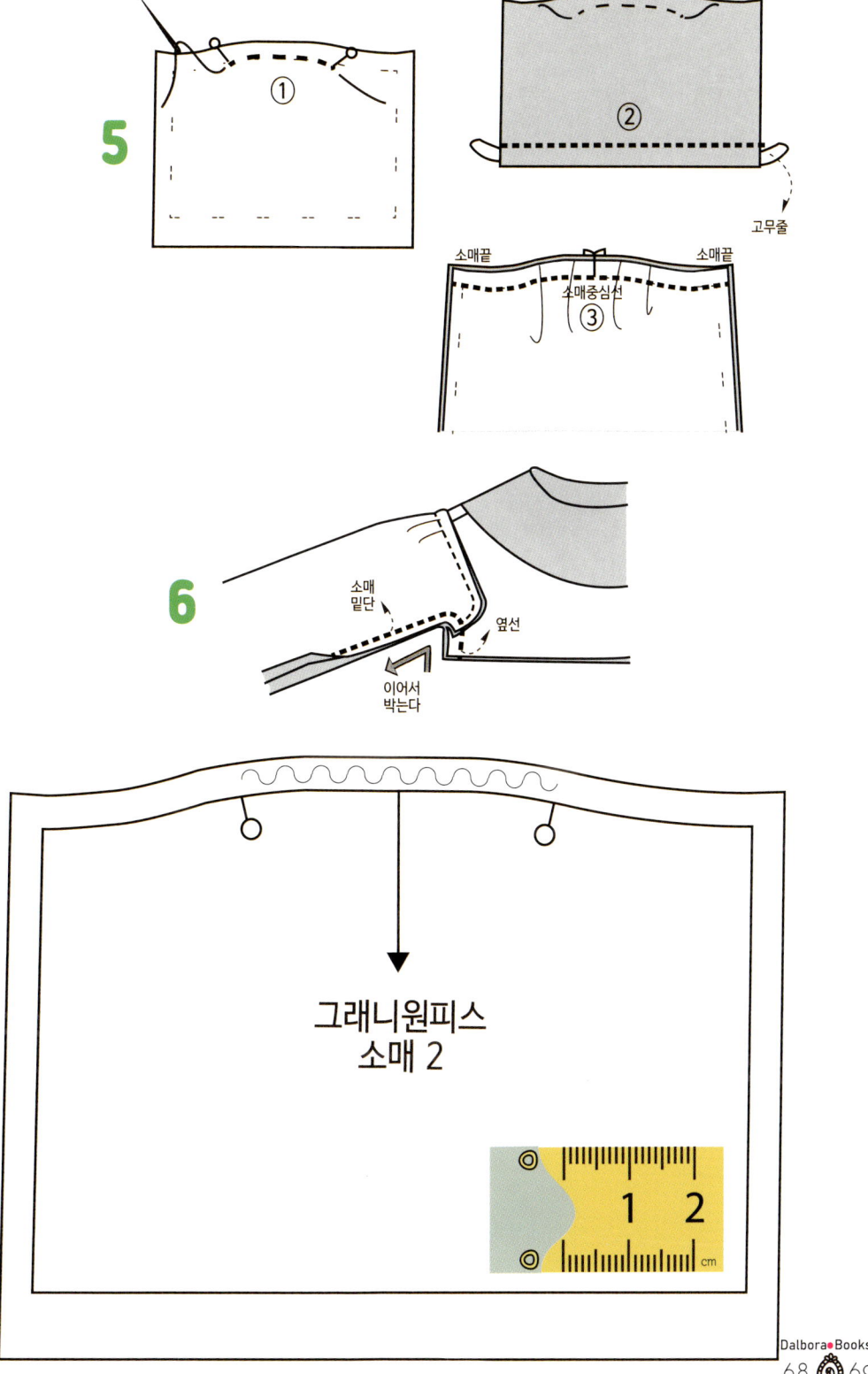

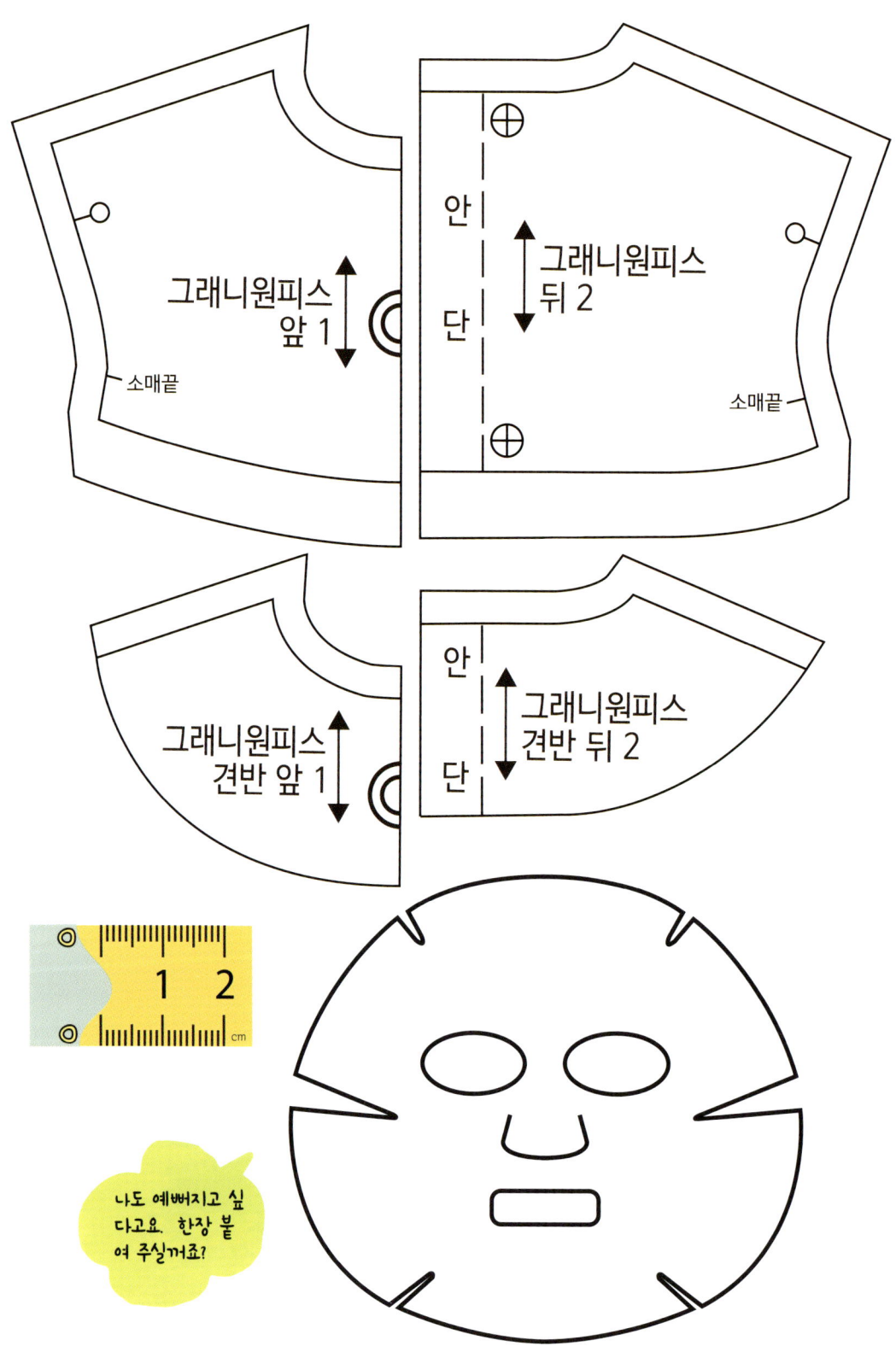

F 바스가운, 헤어밴드

【준비물】얇은 타월지, 1㎝ 고무줄

【만드는 방법】

1 마름질

2 포켓 연결

포켓은 정해진 위치에 박는다.

3 다트

소매 다트를 박는다.

4 뒷판과 소매 연결

뒷판과 소매를 겉끼리 맞대어 박는다.

5 앞판과 소매 연결

앞판과 소매를 겉끼리 맞대어 뒷목 제외(○~○)하고 박는다.

6 뒷목 연결

뒷판과 앞판의 뒷목(○~○)을 겉끼리 맞대어 박는다.

이때, 시접을 절개해 당겨가며 뒷목에 연결해야 자연스럽다.

7 견반 연결

몸판과 견반을 겉끼리 맞대어 박는다.

8 소매시접, 옆선 연결

① 앞·뒤의 옆선과 소매

밑단을 겉끼리 맞댄 다음 소맷부리부터 밑단까지 이어 박는다.

② 소매는 한 번 접어 박는다.

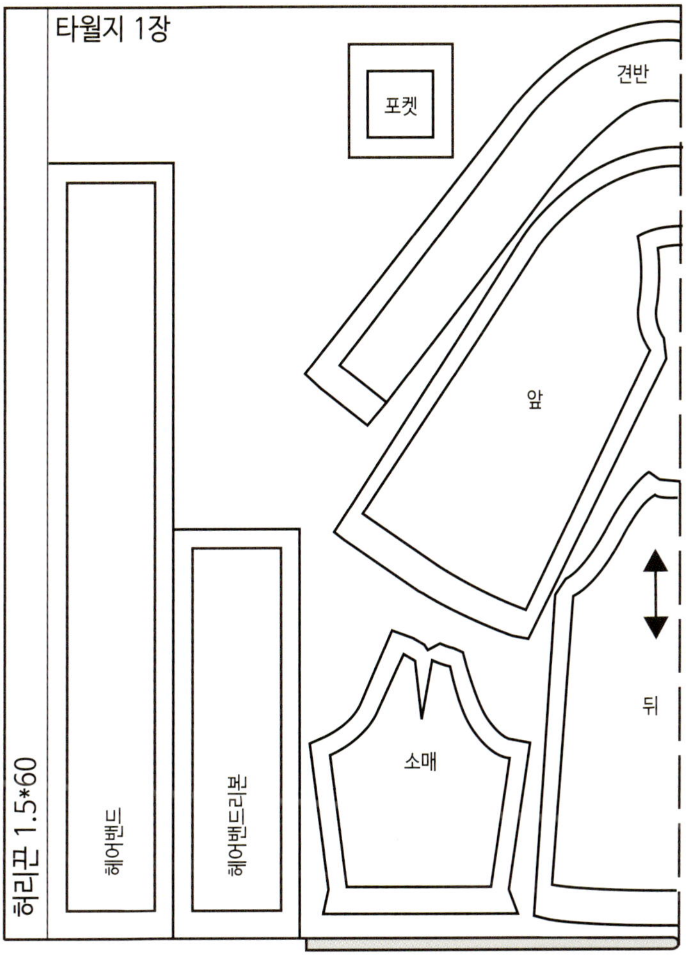

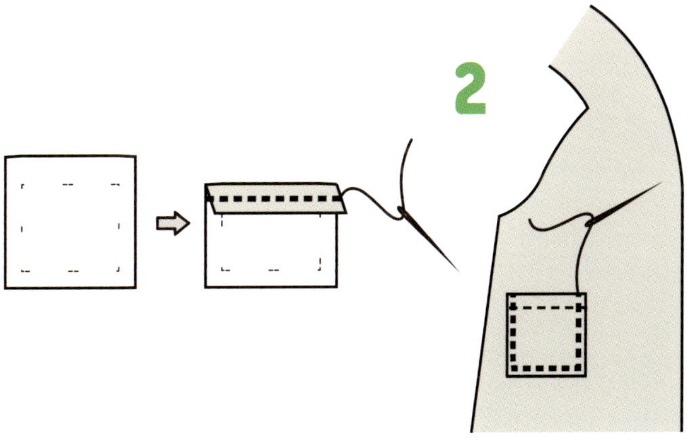

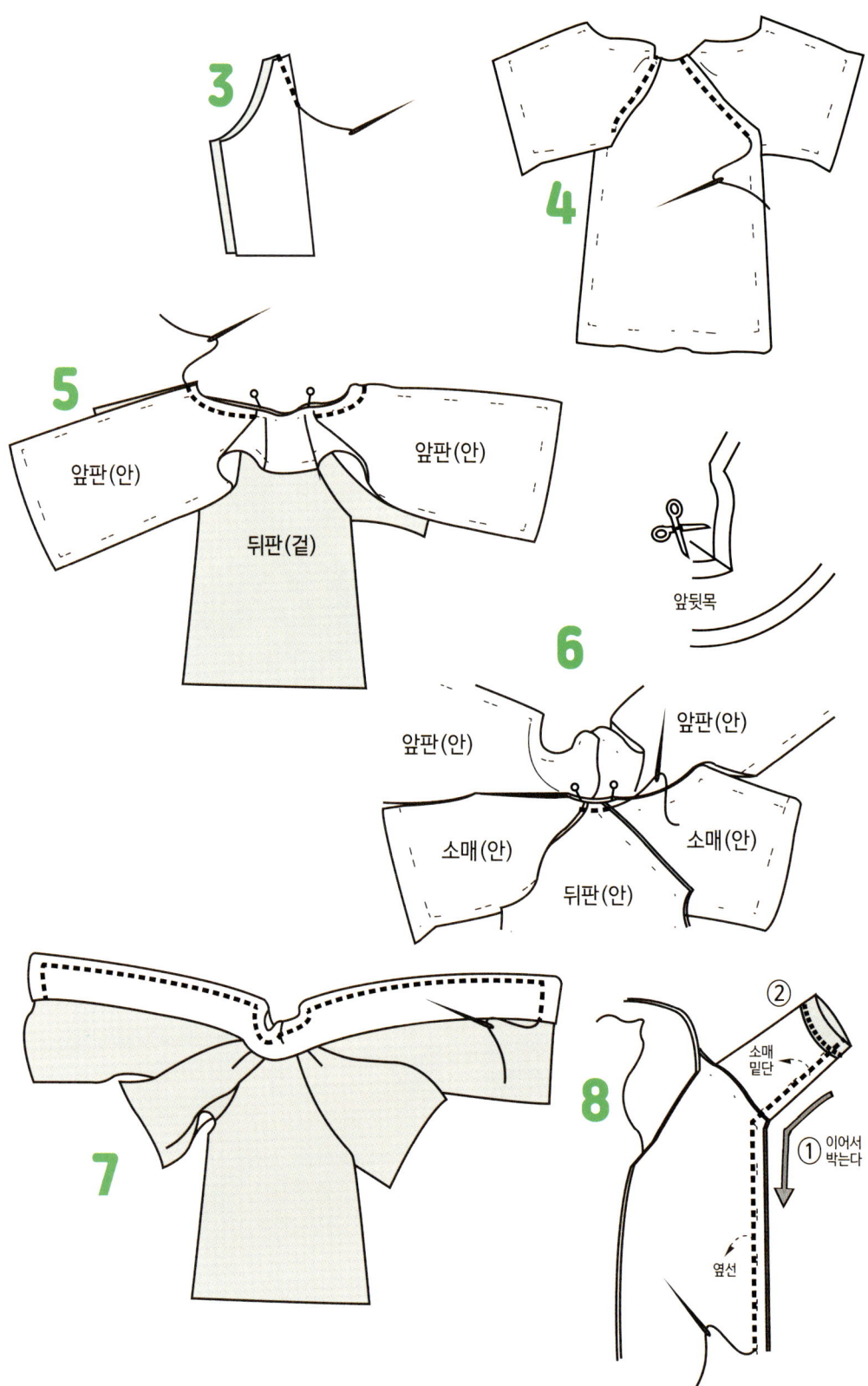

9 밑단, 테두리 상침

① 테두리 0.5㎝ 상침, 밑단은 한 번 접어 동시에 박는다.

② 정해진 위치에 실고리 만들어 허리끈을 끼운다. (page 54 ⓔ 실고리 참고)

10 허리끈

기재된 사이즈대로 재단해 테두리는 오버록한다.

11 헤어밴드

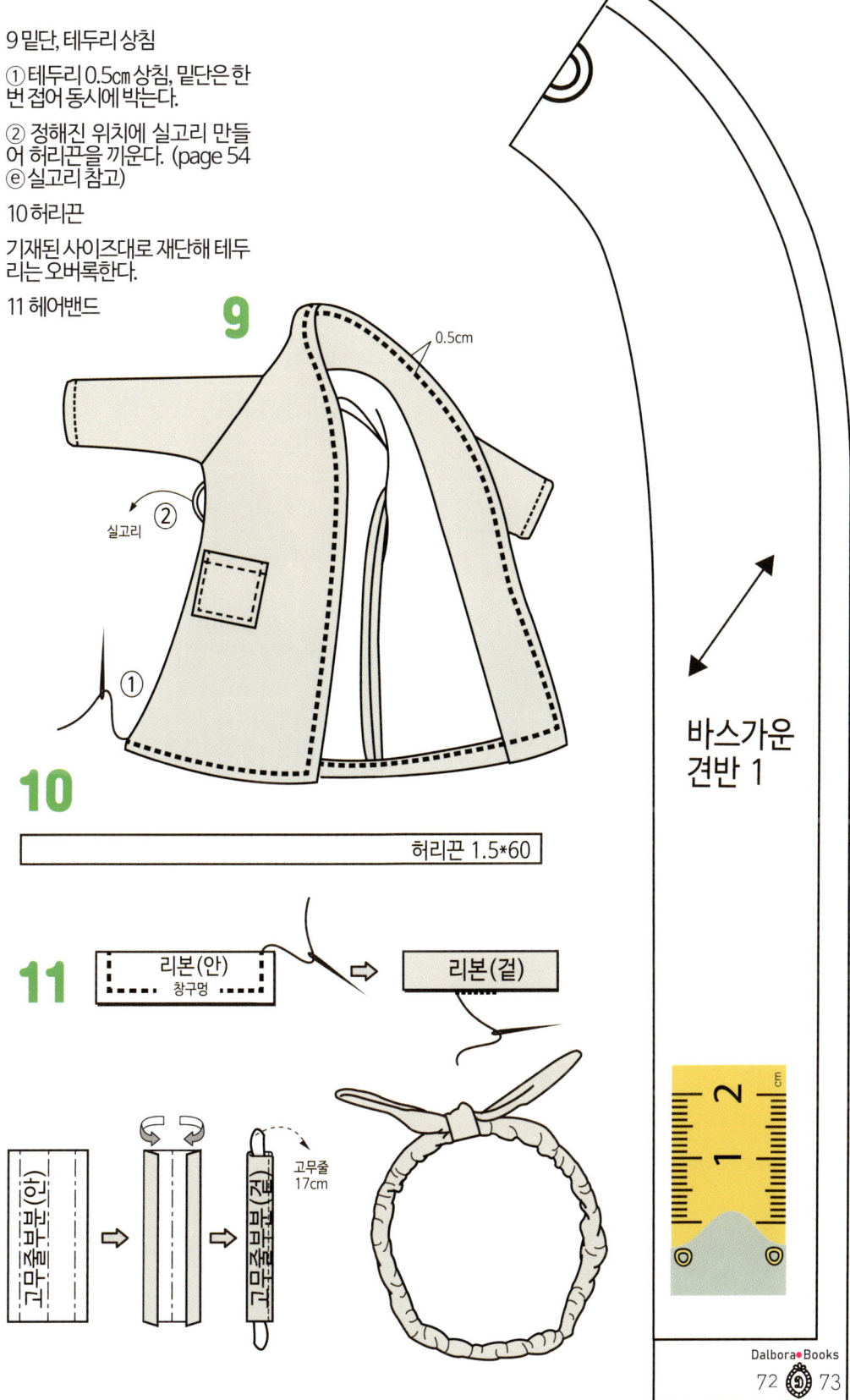

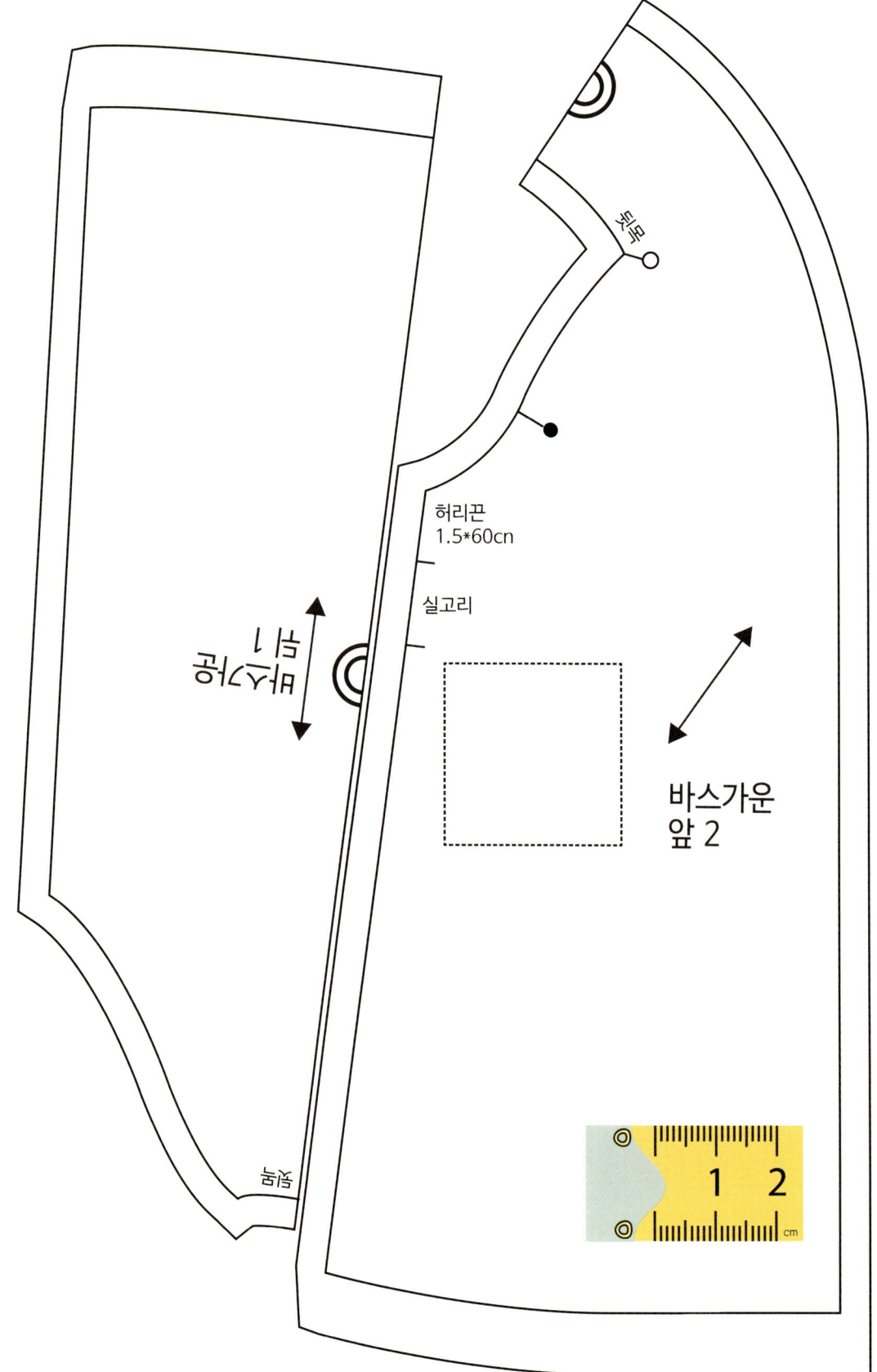

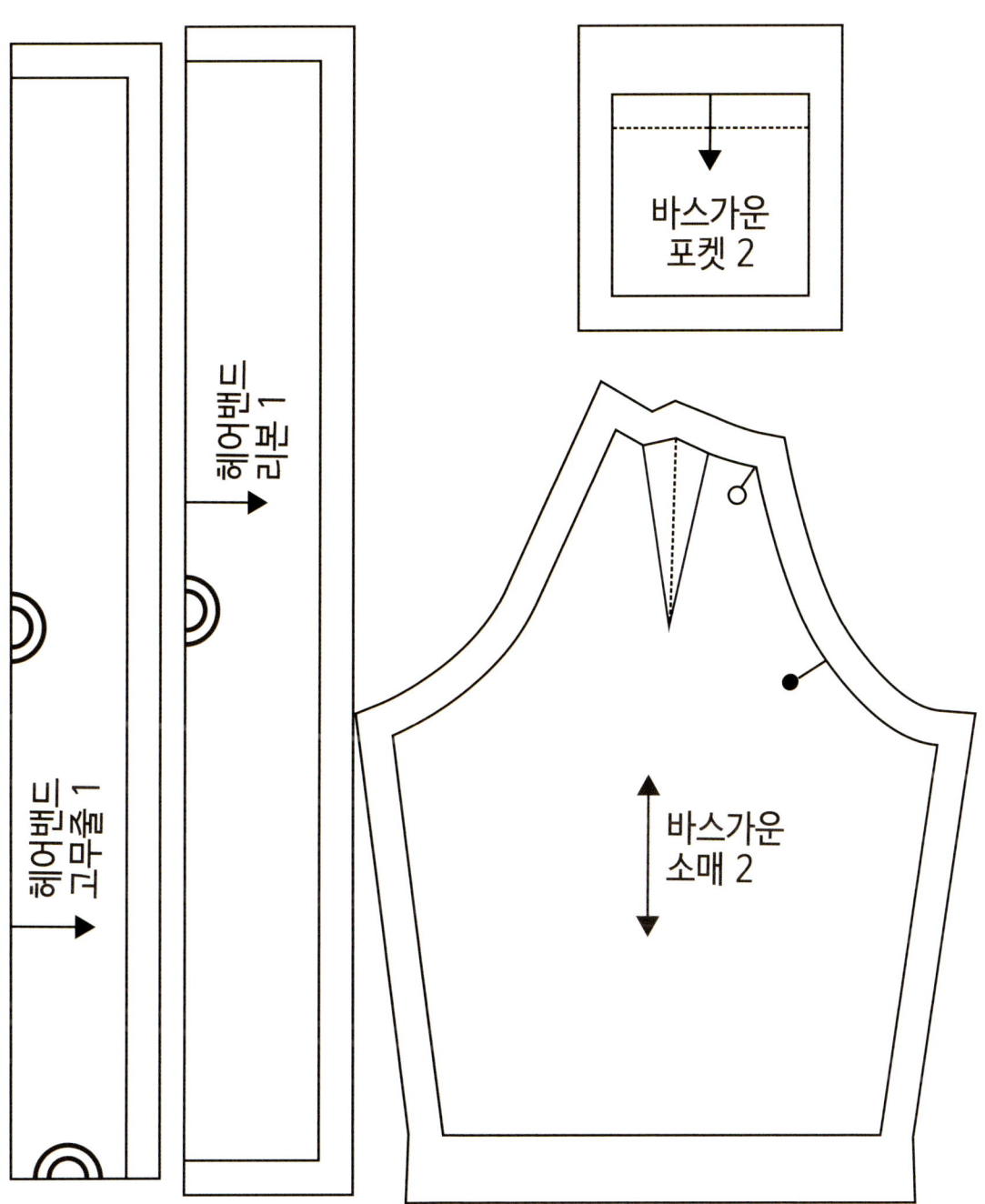

G 플랫칼라원피스, 빕

package

【준비물】패치워크면, 프린트면, 고무줄, 스냅단추, 화이트면, 레이스, 리본테이프, 미니단추, 자수실

【만드는 방법】

1 마름질

2 다트

상의 앞·뒤 양쪽 다트를 박는다.

3 상의 어깨, 견반 어깨 연결 … page 55, 4. ⓐⓑ

4 칼라

① 칼라를 겉끼리 맞대어 박는다.

② 가위집을 주고 창구멍을 통해 뒤집어 준다.

5 칼라 연결

상의 겉에 칼라를 시침한다.

6 견반 연결

① 상의와 견반을 겉끼리 맞대어박는다.

② 모서리 시접은 잘라내고, 곡선 시접은 가위집을 주고 견반은 뒤집어 준다.

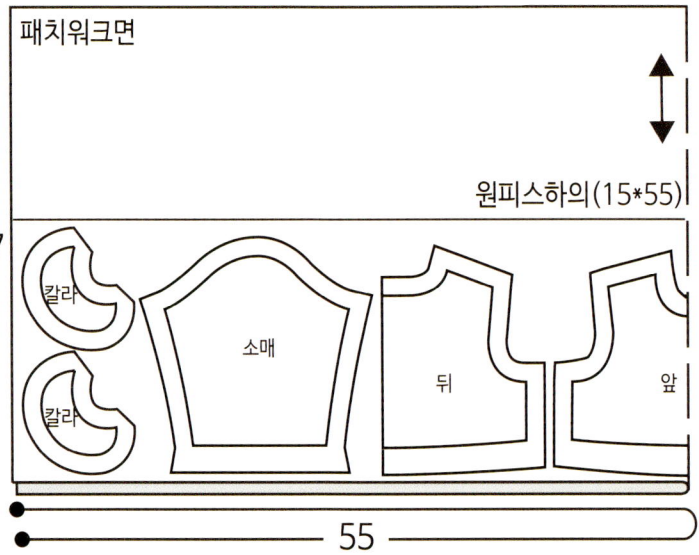

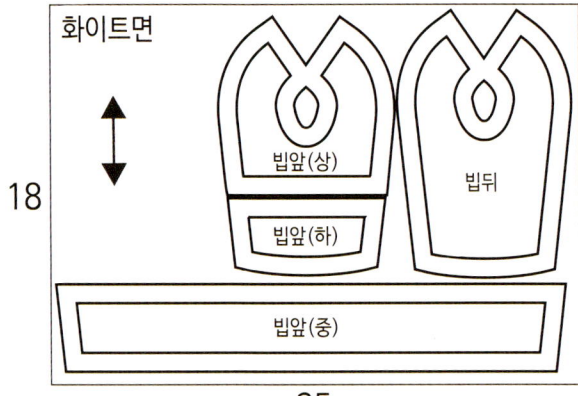

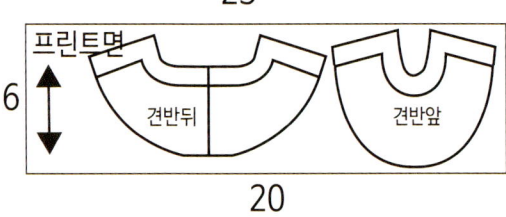

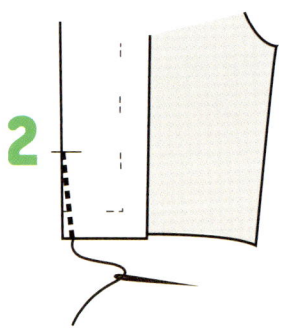

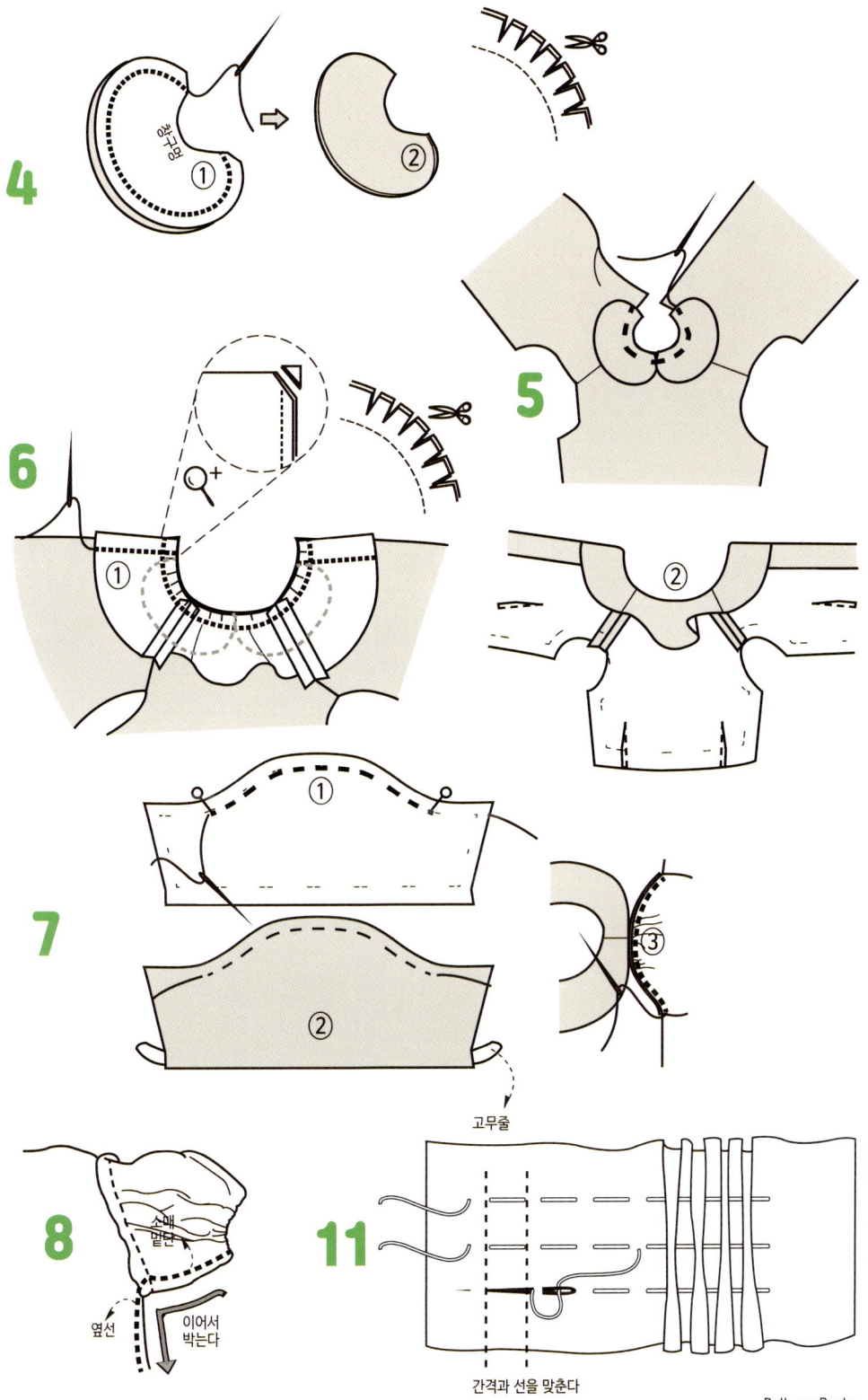

7 소매 연결

① 소매 패턴 ○~○는 홈질해 당겨서 주름을 잡는다.

② 소매 입구 시접은 한 번 접어 박아 고무줄을 넣어준다.

③ 소매중심선과 어깨선을 맞추어 몸판과 소매의 겉끼리 맞대어 박는다.

8 옆선 연결

앞·뒤의 옆선과 소매 밑단을 겉끼리 맞댄 다음 소맷부리부터 밑단까지 이어 박는다.

9 상·하의 연결 … page 56 ⓔ

10 단추 마무리

원피스의 정해진 위치에 스냅단추를 달아준다.

11 스모킹 준비

빕(중)은 간격과 선을 맞춰 홈질해서 당겨준다.

12 빕의 상·중·하 연결

① 빕(상)과 빕(중)을 겉끼리 맞대어 박는다.

② 빕(중)과 빕(하)을 겉끼리 맞대어 박는다.

13 빕의 앞·뒤 연결

① 레이스와 리본테이프를 시침한다.

② 빕 앞·뒤를 겉끼리 맞대어 창구멍을 제외하고 박는다. 가위집을 주고 창구멍을 통해 뒤집어 준다.

③ 창구멍은 공그르기 한다.

14 스모킹 스티치

스모킹 도안을 참고하여 스티치한다.

15 빕 마무리

단추를 달고, 자수실로 실고리를 만든다. (page 54 ⓔ 실고리 참고)

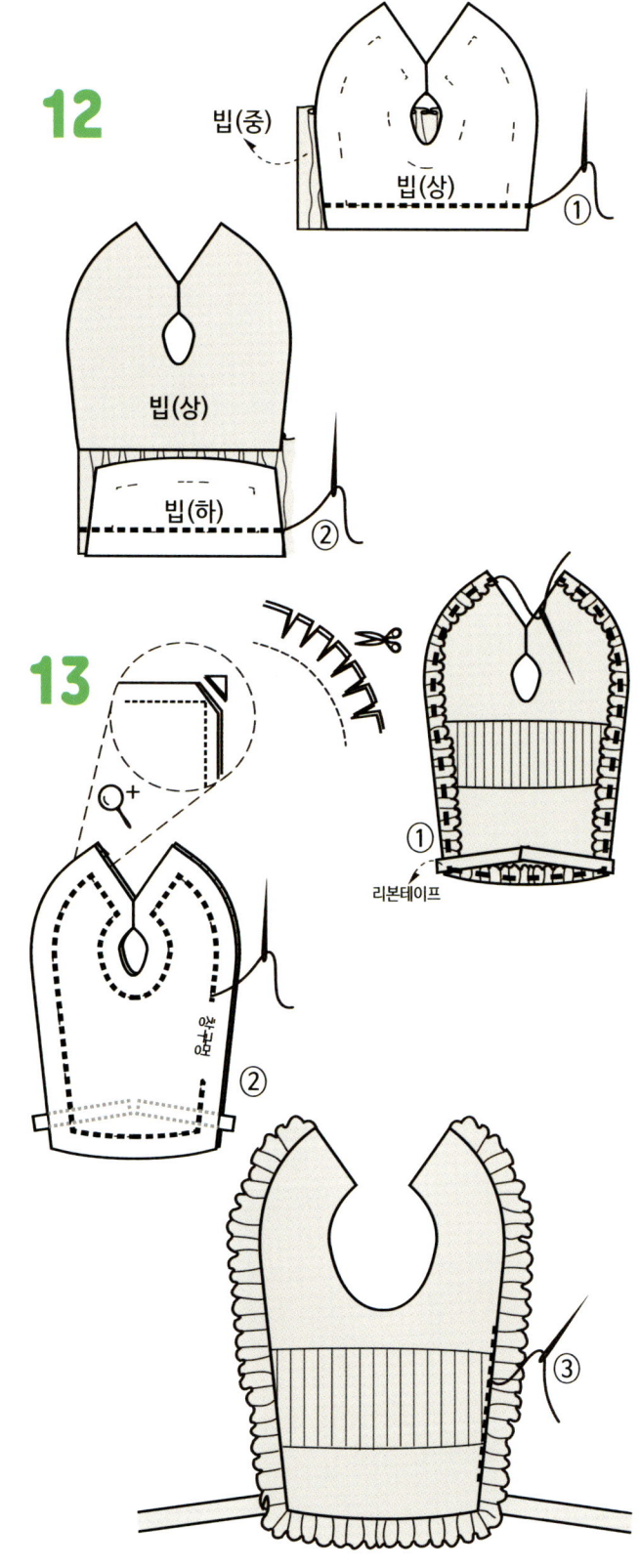

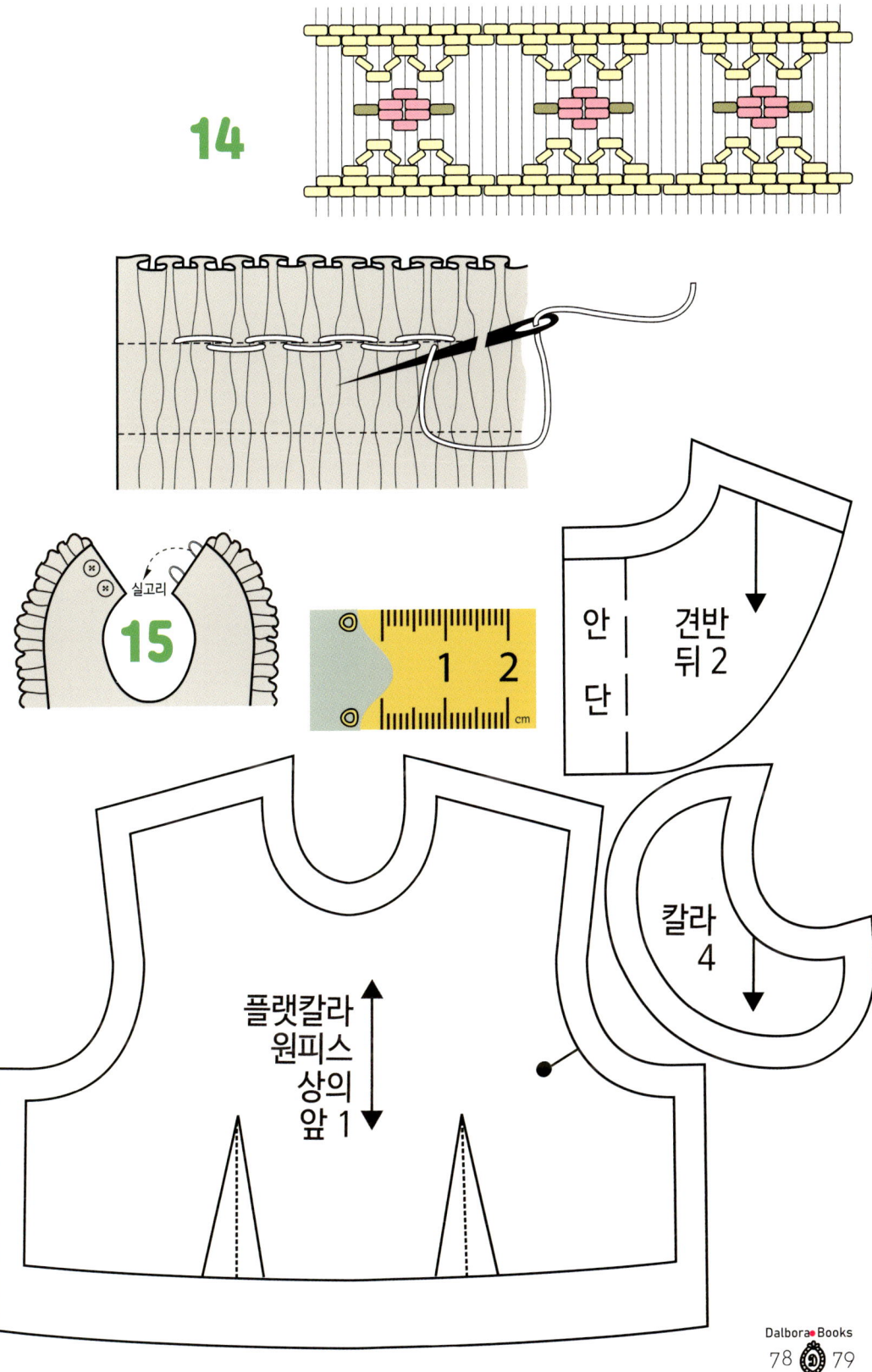

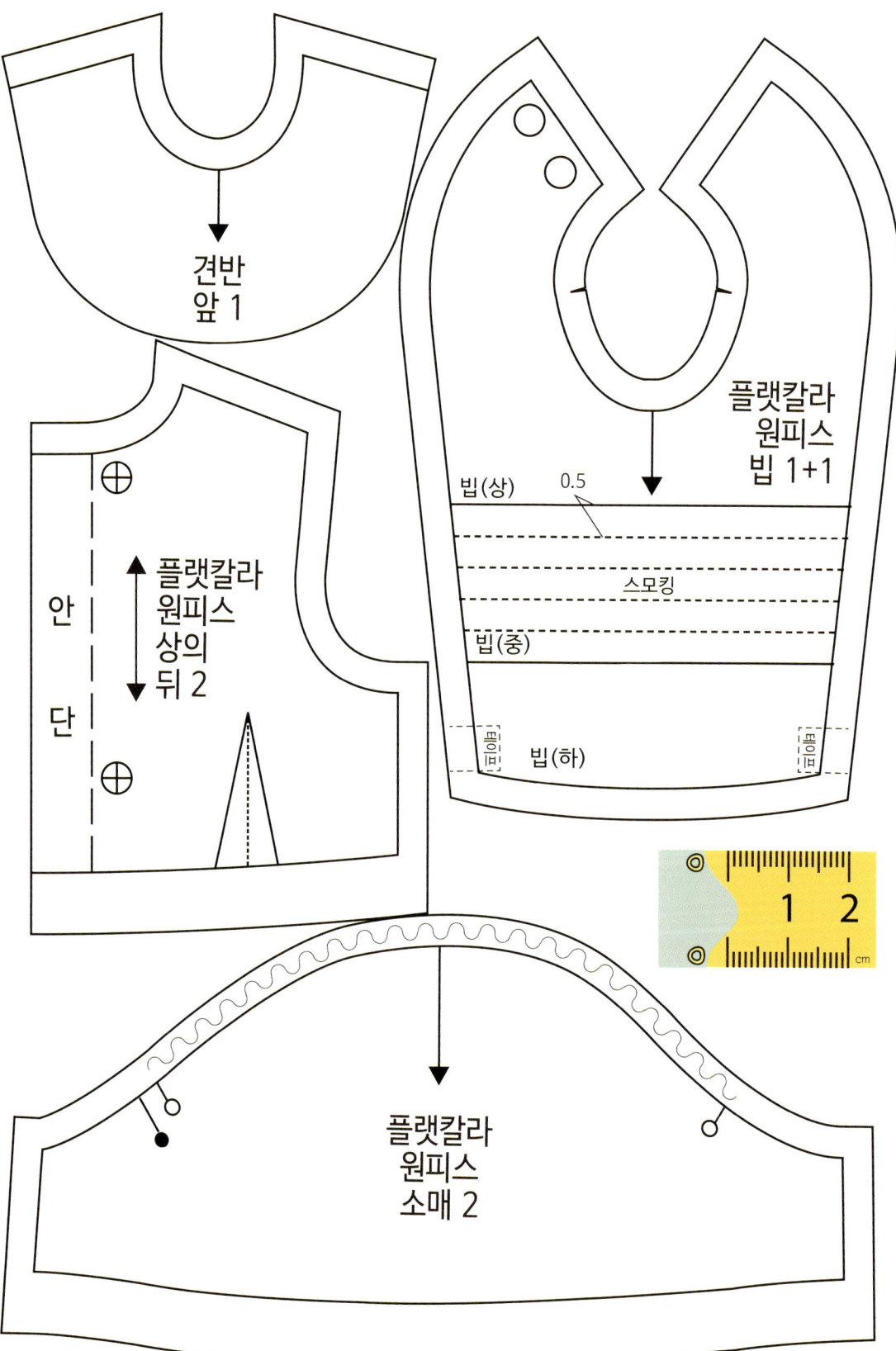

H 피나포어

package

【준비물】블랙리넨, 프린트면, 화이트면, 화이트바이어스, 미니단추, 스냅단추, 자수실

【만드는 방법】

1 마름질

… page 76, 77, 2~6

7 소매 연결

① 소매 패턴 ○~○는 홈질해 당겨서 주름을 잡는다.

② 소매중심선과 어깨선을 맞추어 몸판과 소매의 겉끼리 맞대어 박는다.

8 소매시접, 옆선 연결

① 소매는 한 번 접어 박는다.

② 앞·뒤의 옆선과 소매 밑단을 겉끼리 맞댄 다음 소맷부리부터 밑단까지 이어 박는다.

9 상·하의 연결 … page 56 ⓔ

10 단추 마무리

원피스의 정해진 위치에 스냅단추를 달아준다.

11 포켓 연결

포켓은 정해진 위치에 박는다.

12 피나포어 어깨, 옆선 연결

① 어깨를 겉끼리 맞대어 박는다.

② 네크라인 ★~★은 2줄 홈질해 당겨서 주름을 잡는다.

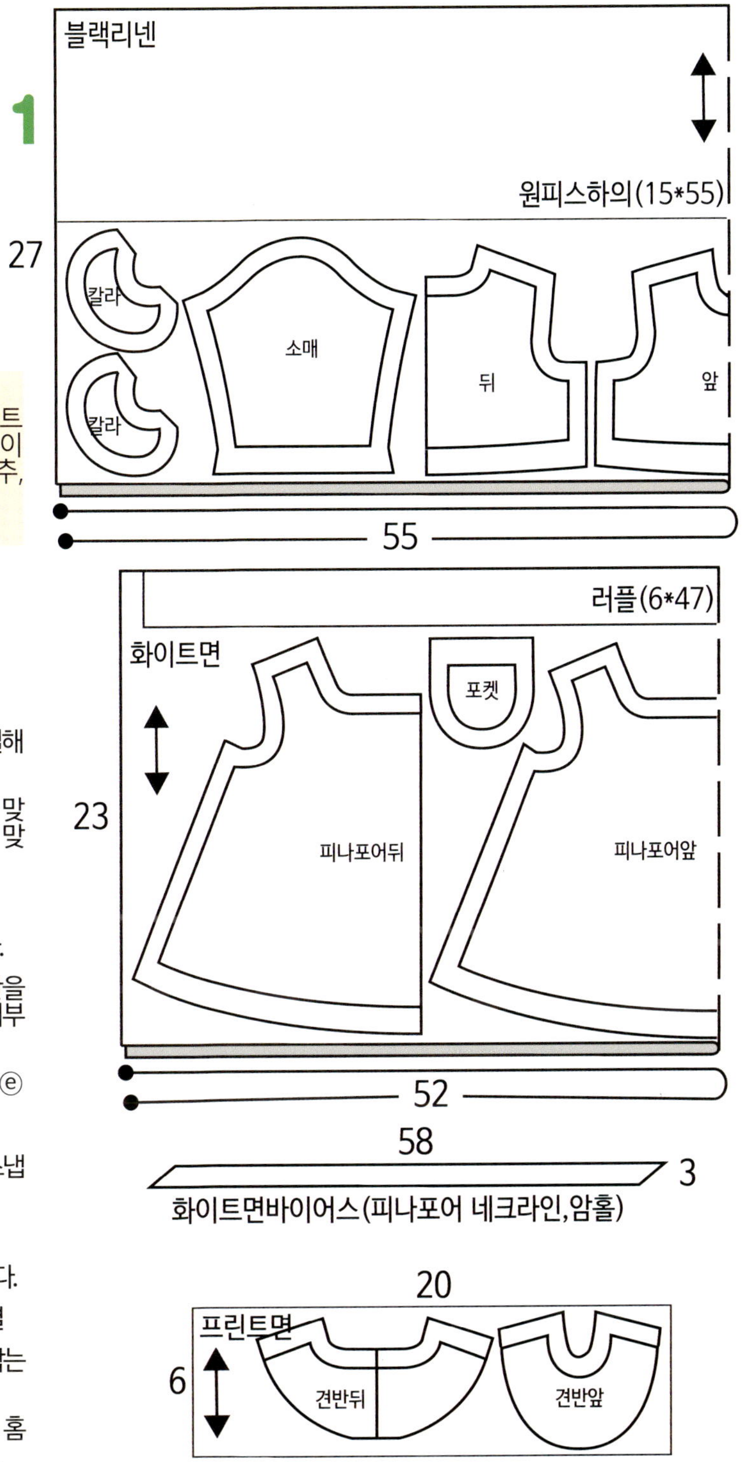

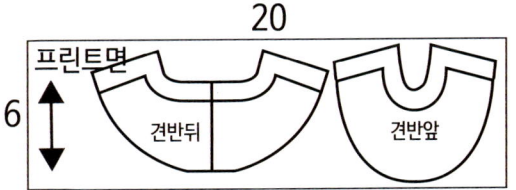

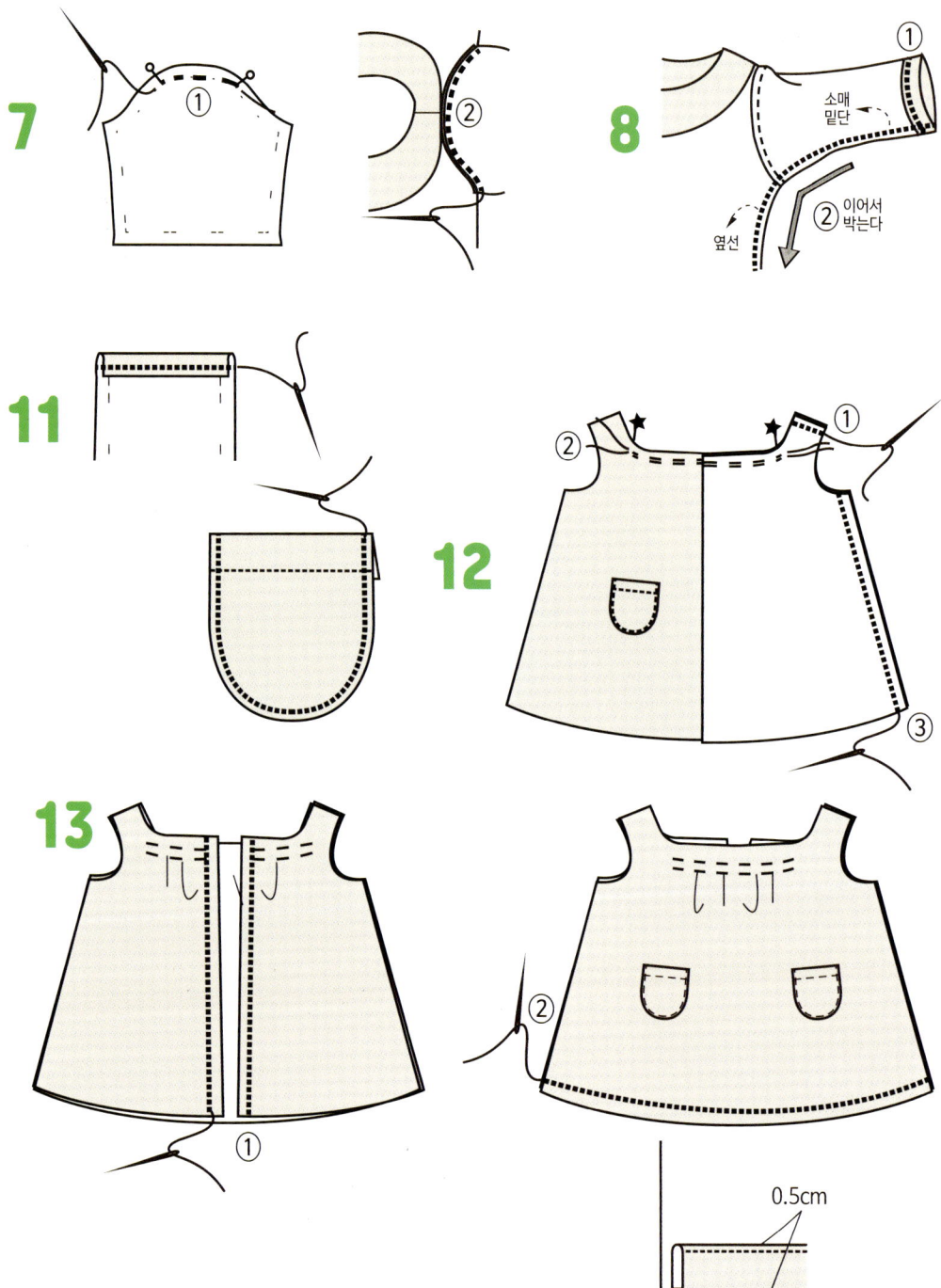

③ 피나포어 옆선을 겉끼리 맞대어 박는다.

13 안단, 밑단 마무리

① 안단은 1cm 한 번 접어 박는다.

② 밑단은 0.5cm 두 번 접어 박는다.

14 러플 연결

① 러플은 가로로 반을 접어 양 끝을 박는다.

② 러플은 창구멍으로 뒤집어 2줄 홈질해 당겨서 주름을 잡아 18cm로 만든다.

③ 피나포어 겉면에 러플을 시침한다.

15 바이어스 연결

① 러플과 바이어스를 겉끼리 맞대어 박아 바이어스를 연결한다.

② 암홀은 바이어스를 연결한다.

16 피나포어 마무리

여밈 부분의 한쪽은 실고리, 다른 한쪽은 미니단추를 달아준다. (page 54 ⓔ 실고리 참고)

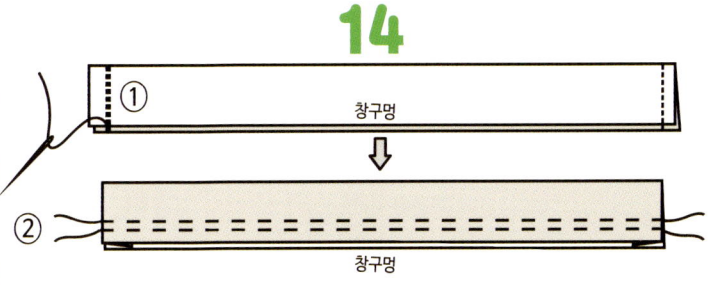

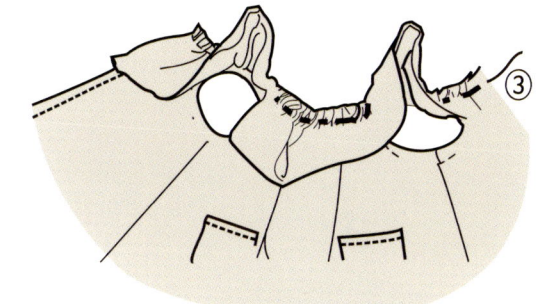

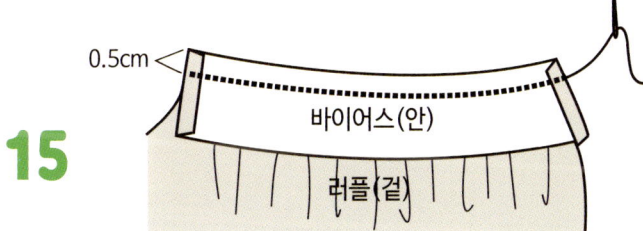

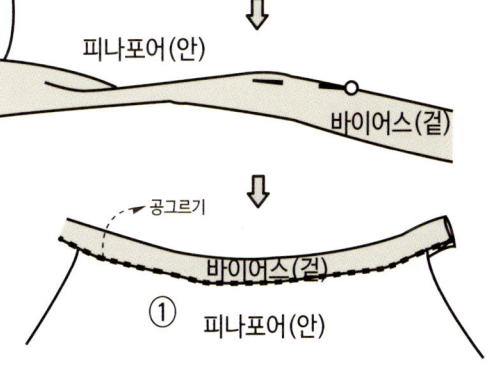

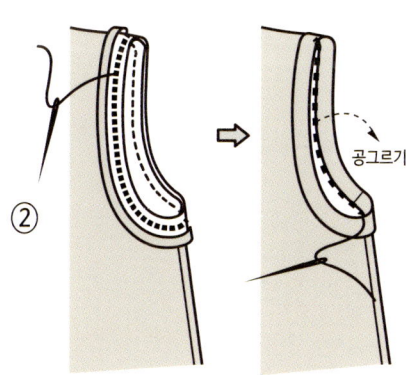

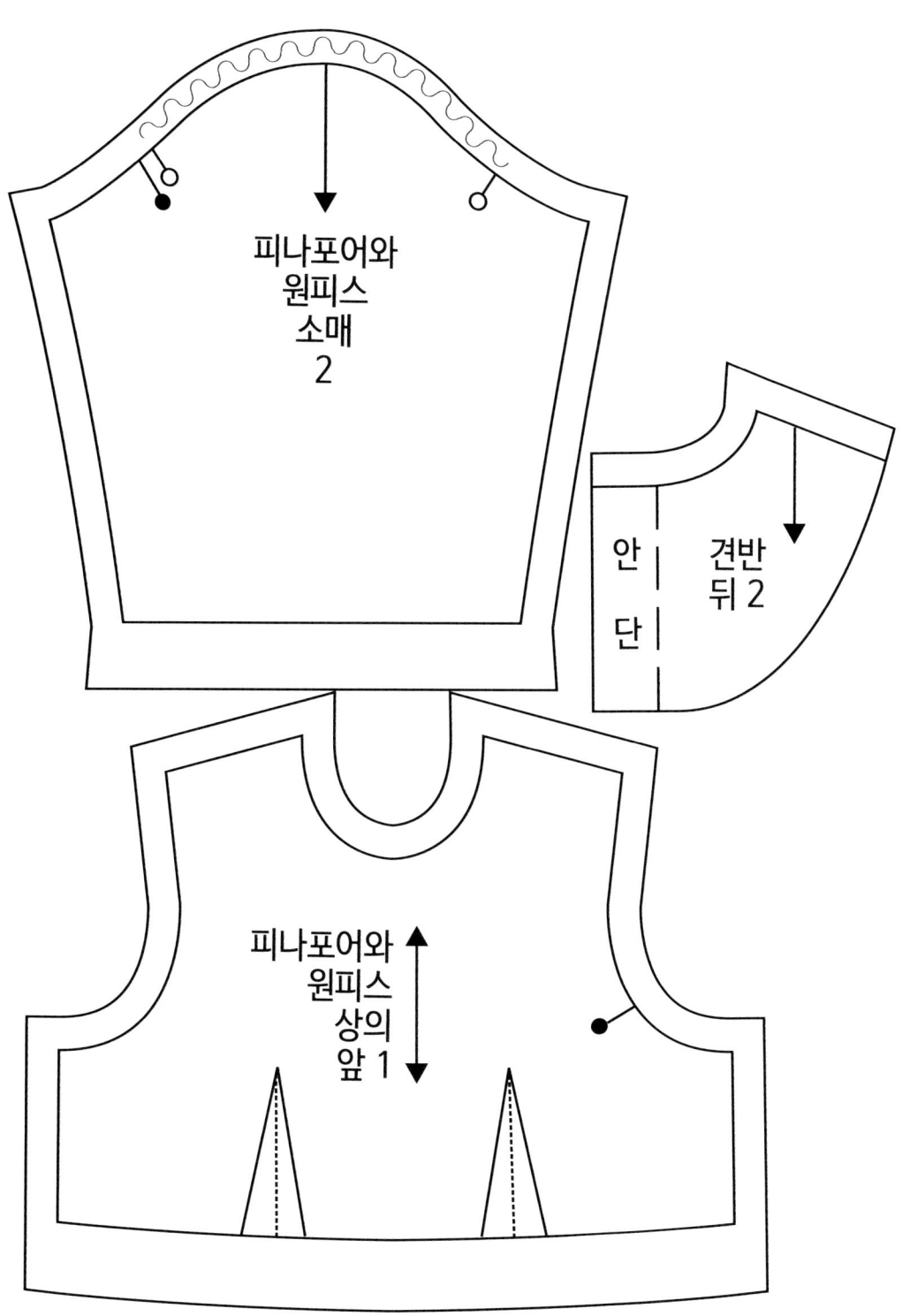

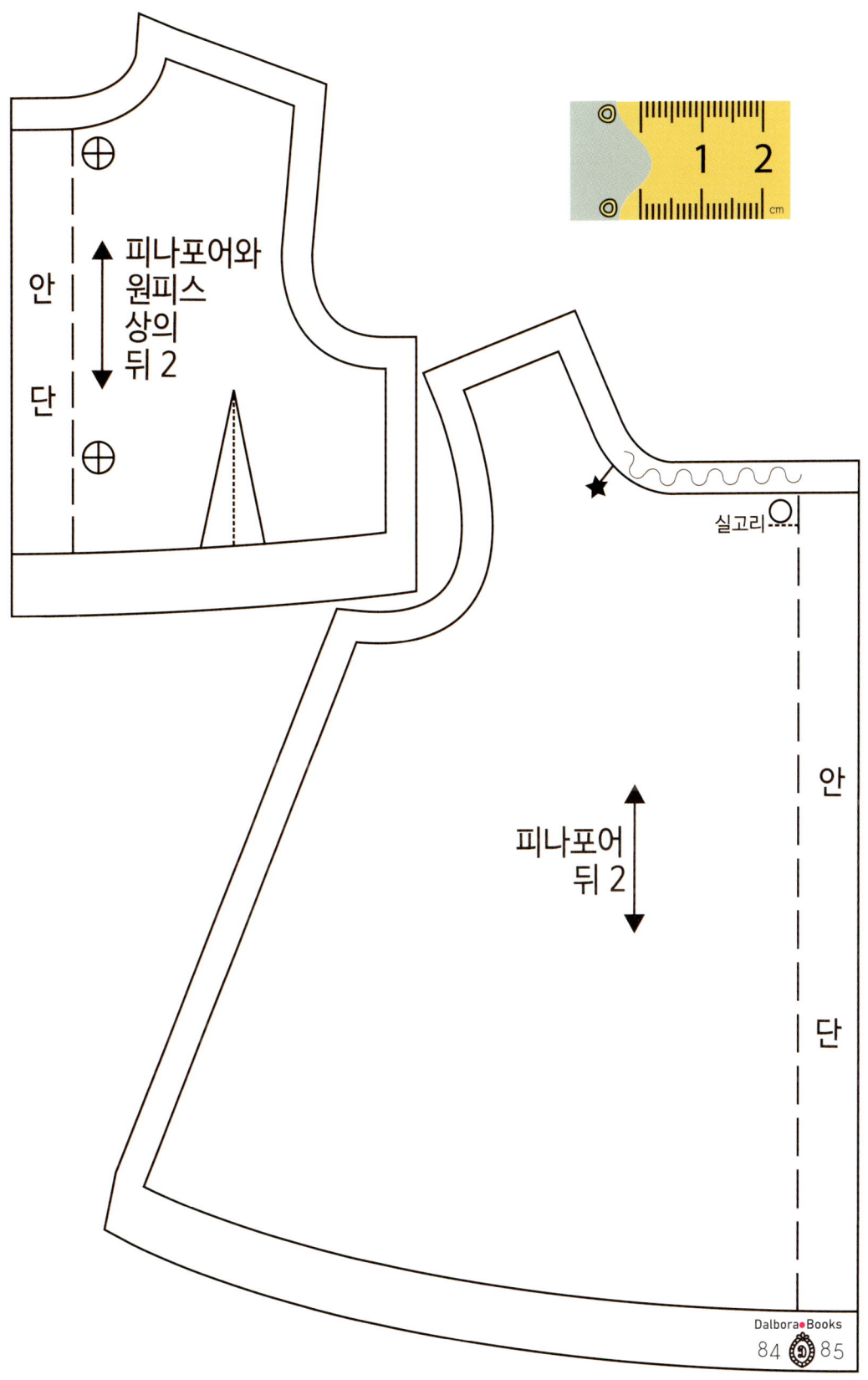

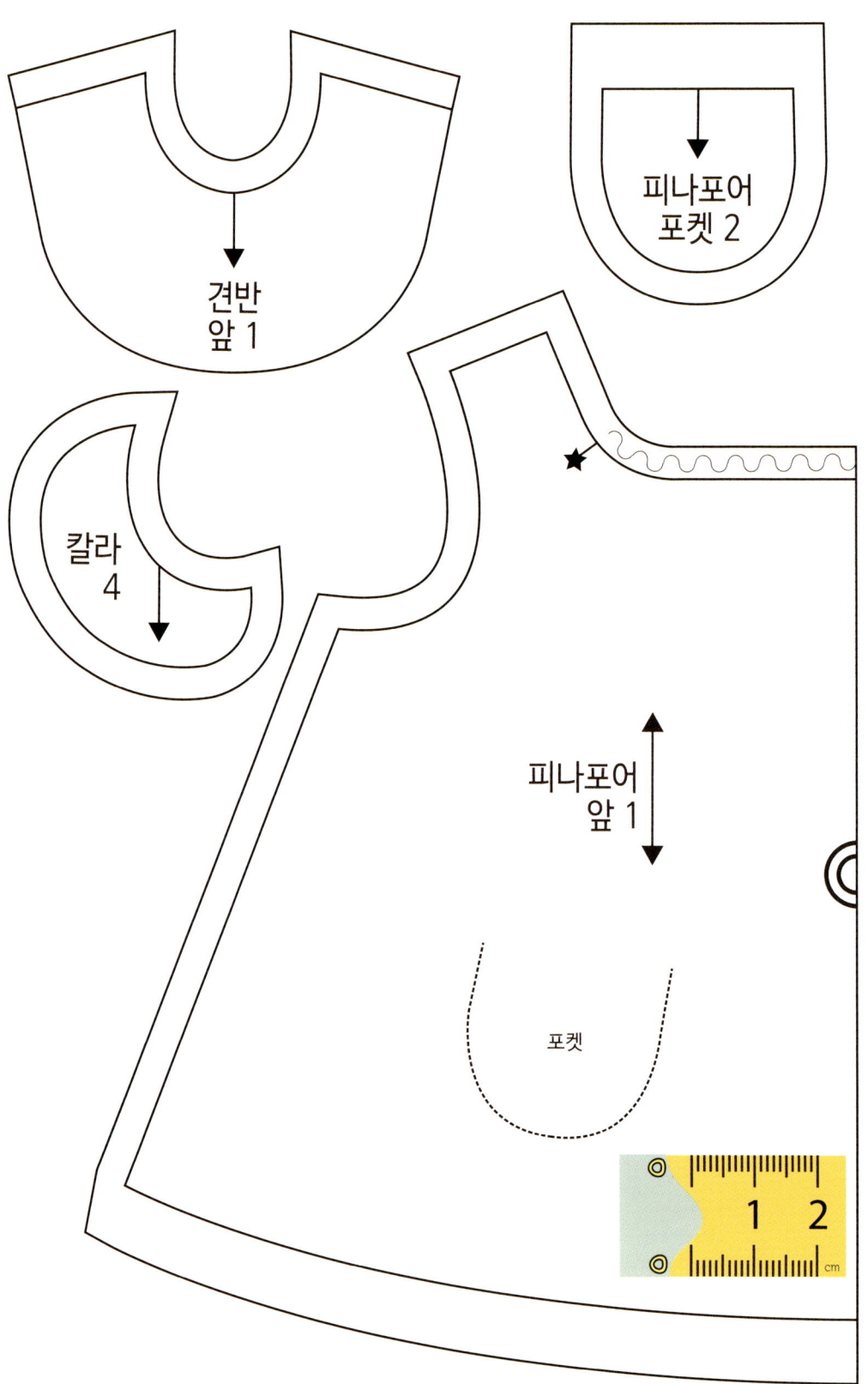

l 코트형원피스, 클로슈

package

【준비물】체크울, 프린트면, 고무줄, 스냅단추, 토션레이스

【만드는 방법】

1 마름질

2 위칼라 만들기

① 위칼라를 겉끼리 맞대어 박는다.

② 위칼라는 창구멍을 통해 뒤집어 준다.

3 어깨 연결

어깨를 겉끼리 맞대어 박는다.

4 위칼라 연결

① 몸판과 위칼라를 겉끼리 맞대어 박는다.

② 안단 시접은 절개해서 위칼라에 맞춰 벌려준다.

③ 위칼라와 안단 시접 절개, 시접의 곡선 부분은 가위집을 주고 안단을 뒤집는다.

5 위칼라 처리

① 위칼라는 공그르기 한 후 다리미로 눌러준다.

② 몸판 시접은 잘라낸다.

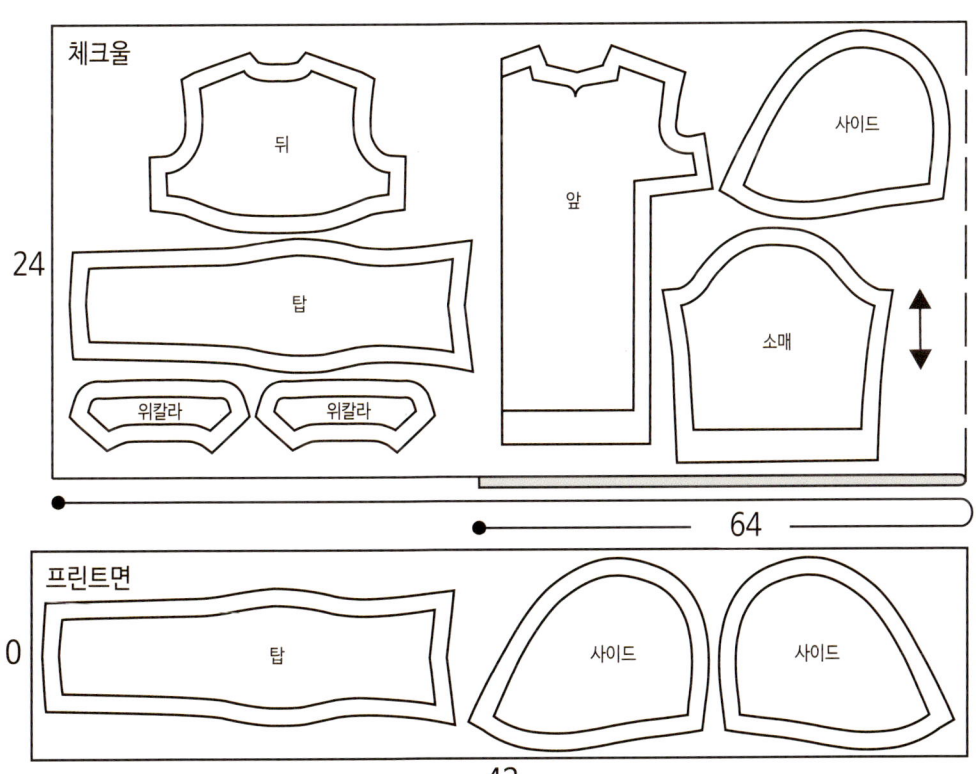

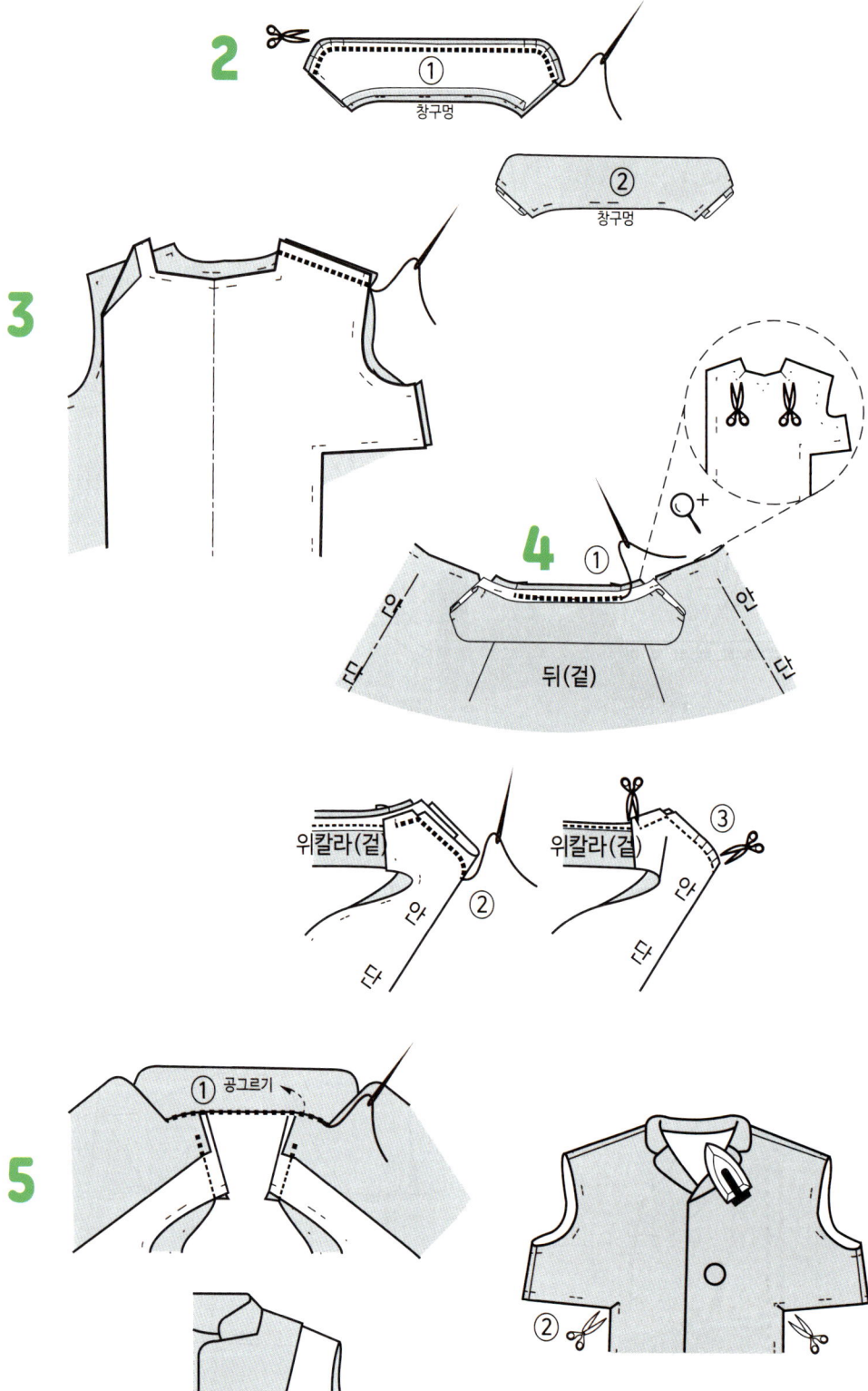

6 소매 연결

① 소매 패턴 ○~○는 홈질해 당겨서 주름을 잡는다.

② 소매 입구 시접은 한 번 접어 박아 고무줄을 넣어준다.

③ 소매중심선과 어깨선을 맞추어 몸판과 소매를 겉끼리 맞대어 박는다.

7 소매시접, 옆선 연결

앞·뒤의 옆선과 소매 밑단을 겉끼리 맞댄 다음 소맷부리부터 밑단까지 이어 박는다.

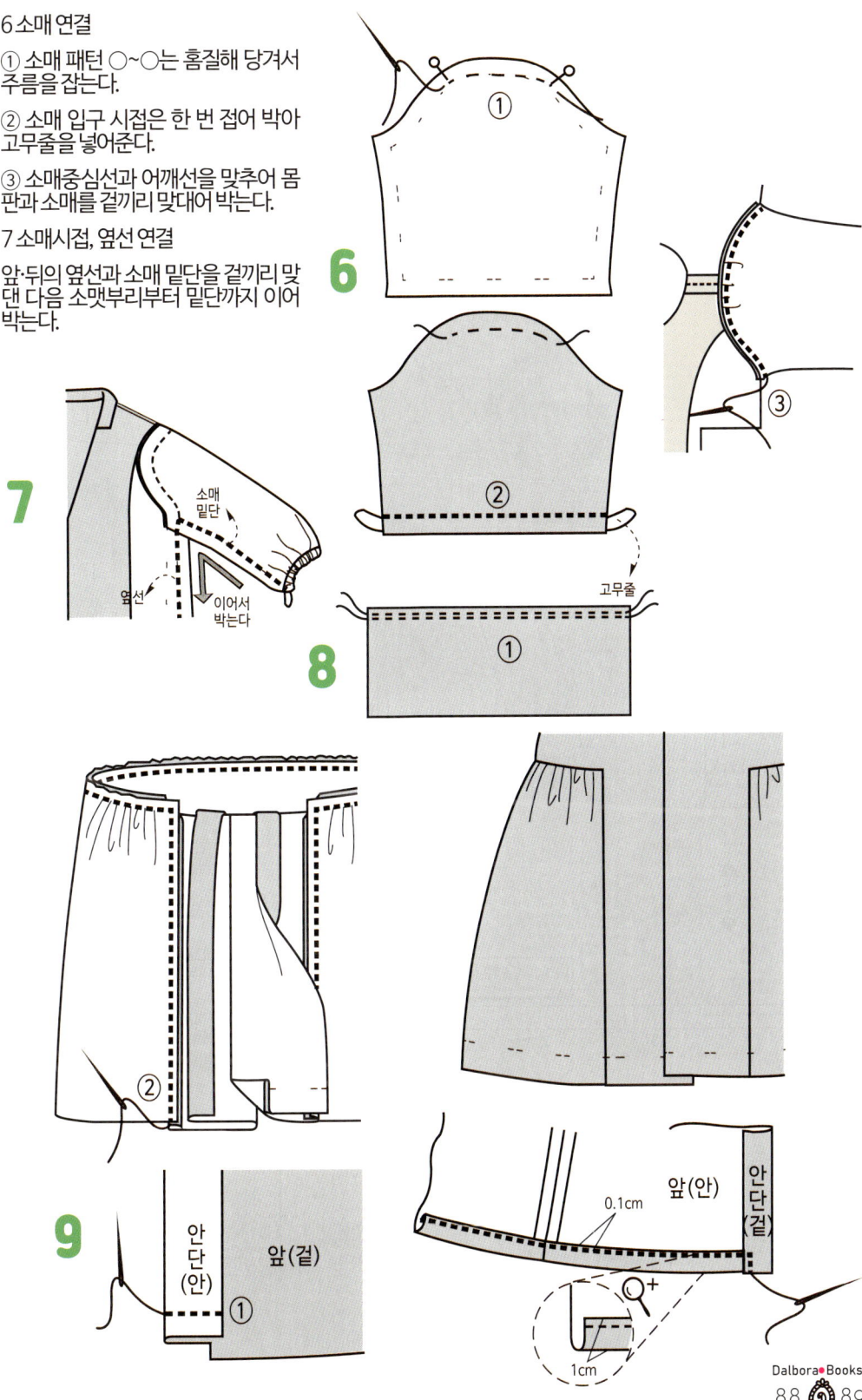

8 스커트 연결

① 스커트는 2줄 홈질해 당겨서 주름을 잡는다.

② 몸판과 스커트를 겉끼리 맞대어 박는다.

9 안단, 밑단 처리

① 안단의 밑단을 안이 밖으로 보이게 접어 박는다.

② 밑단을 박는다.

10 단추 마무리

원피스의 정해진 위치에 스냅단추를 달아준다.

11 클로슈 탑, 사이드 크라운 연결

사이드 크라운의 ○●과 탑크라운의 ○●끼리 맞추고, 사이드 크라운과 탑 크라운을 겉끼리 맞대어 박는다(겉감과 안감은 동일한 방법).

12 클로슈 겉·안 연결

① 겉과 안을 겉끼리 맞대어 창구멍을 제외하고 박는다.

② 창구멍을 통해 뒤집어 준 후, 창구멍은 공그르기 한다.

13 레이스, 토션 데코레이션

레이스나 토션 레이스를 감침질해 연결한다.

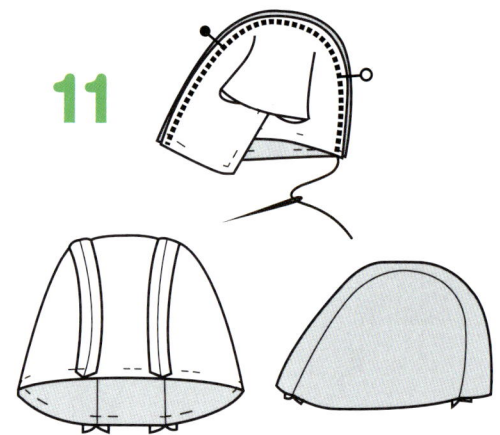

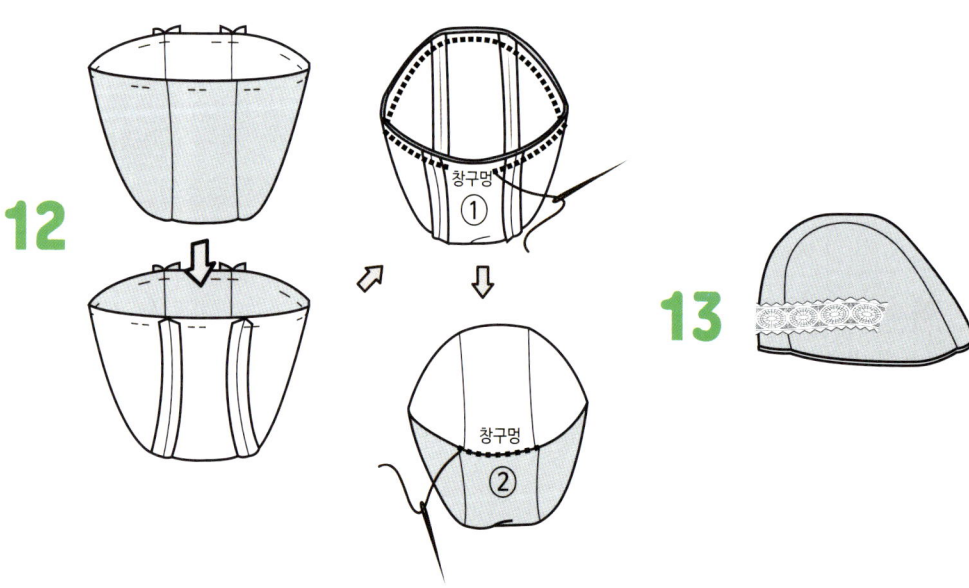

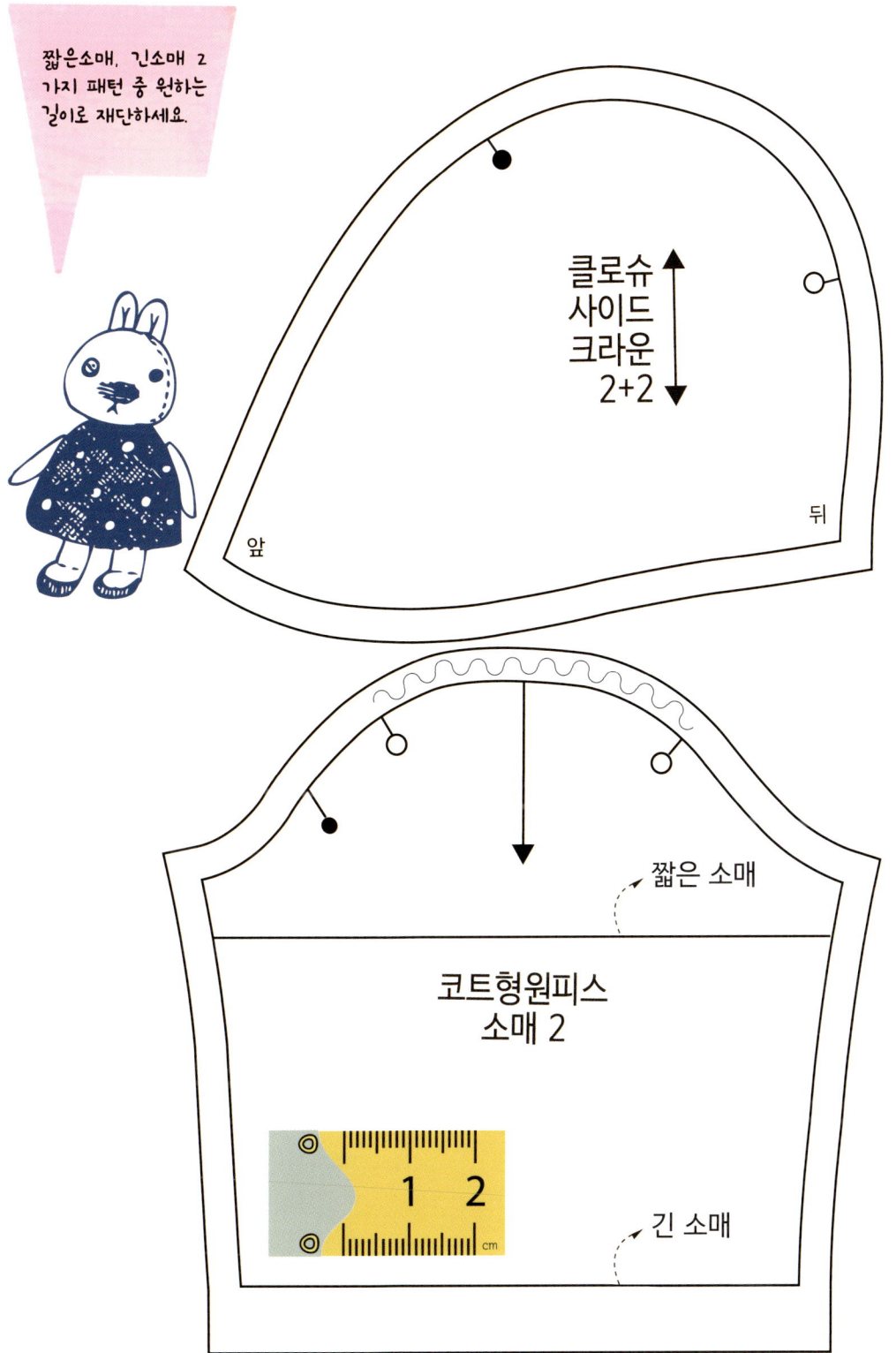

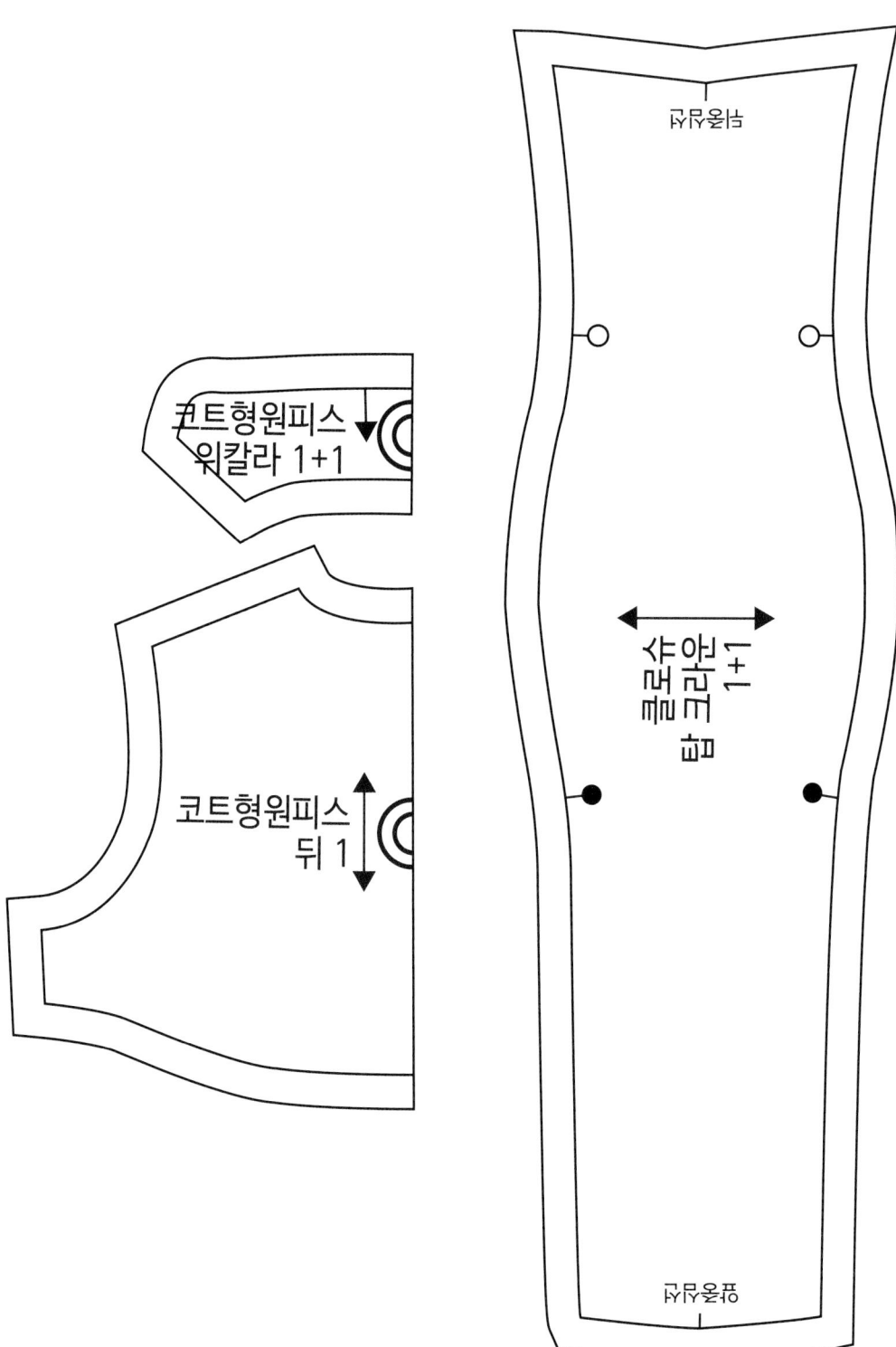

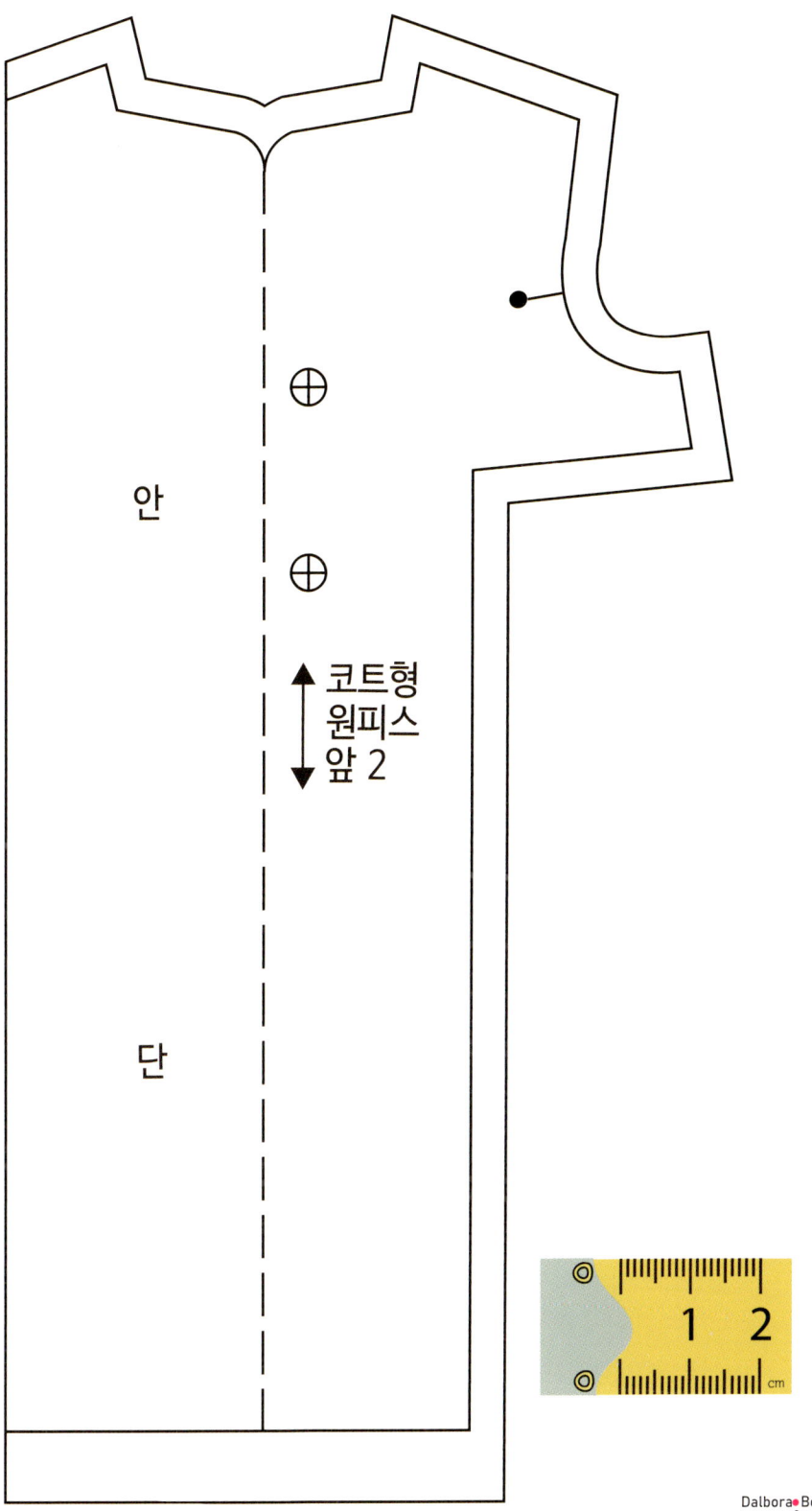

J 요크핀턱원피스, 헤어캡

package

【준비물】데님면, 화이트리넨, 화이트면, 레이스, 미니단추, 자수실, 고무줄

【만드는방법】

1 마름질

상의 앞 핀턱 부분은 6*20으로 재단 후 핀턱을 잡는다.

2 상의 핀턱

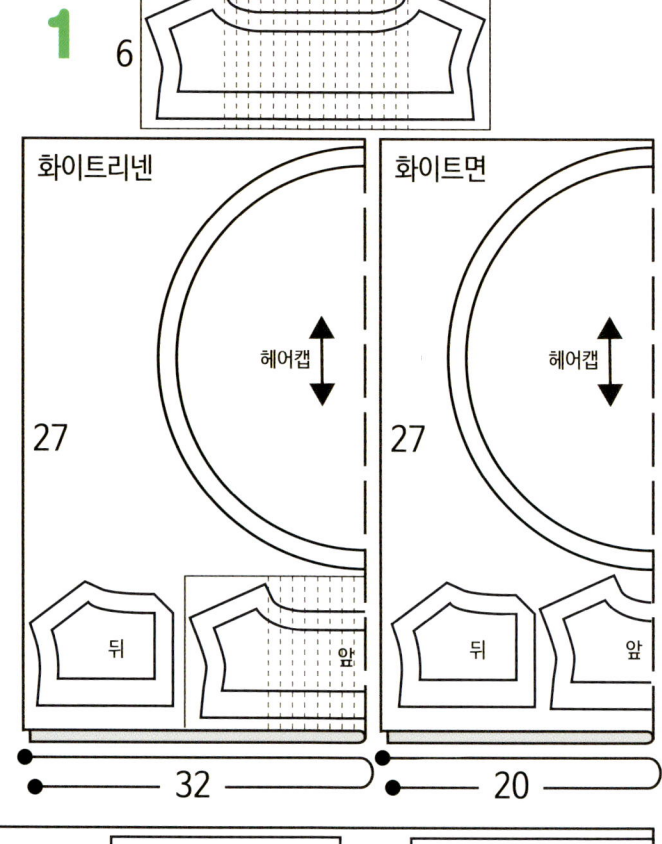

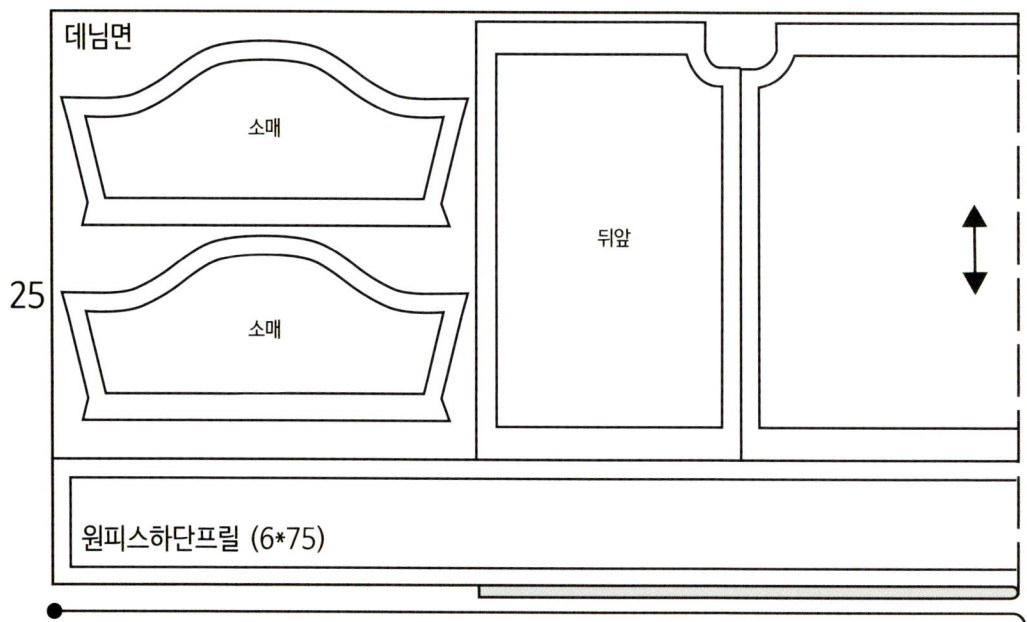

3 하의 준비

하의는 2줄 홈질해 당겨서 주름을 잡는다.

4 어깨 연결

① 상의 겉감 어깨를 겉끼리 맞대어 박는다.

② 상의 안감 어깨를 겉끼리 맞대어 박는다.

5 상의 겉·안감 연결

① 상의 겉감과 안감을 겉끼리 맞대어 박는다.

2

3

4

5

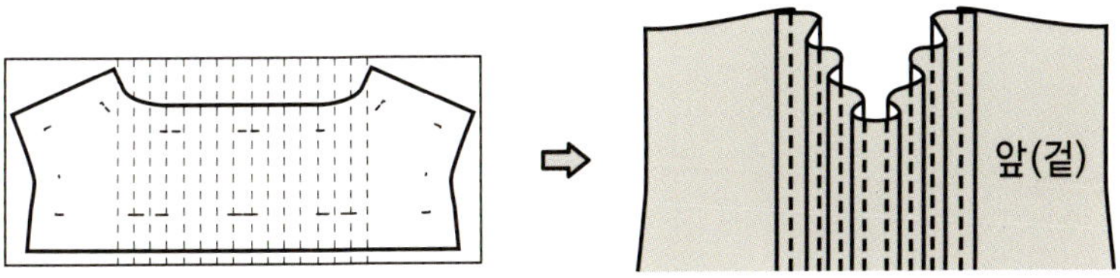

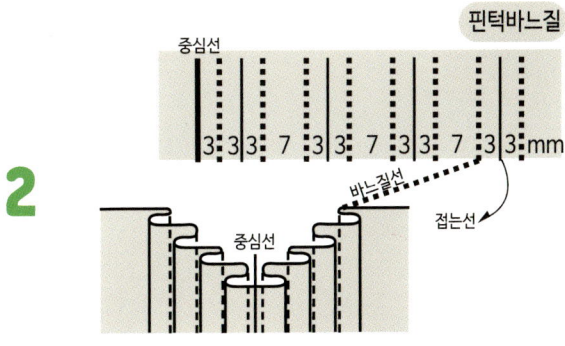

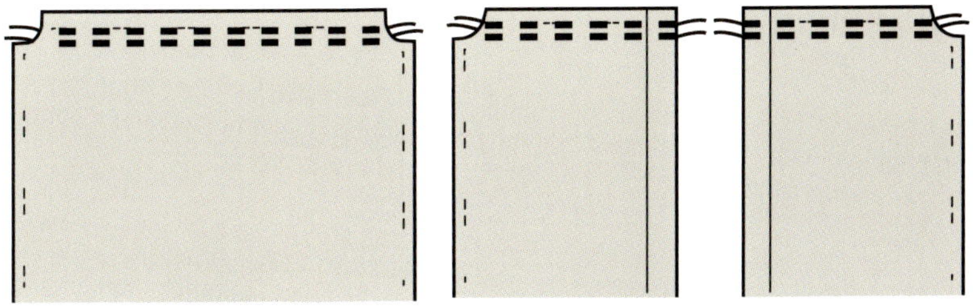

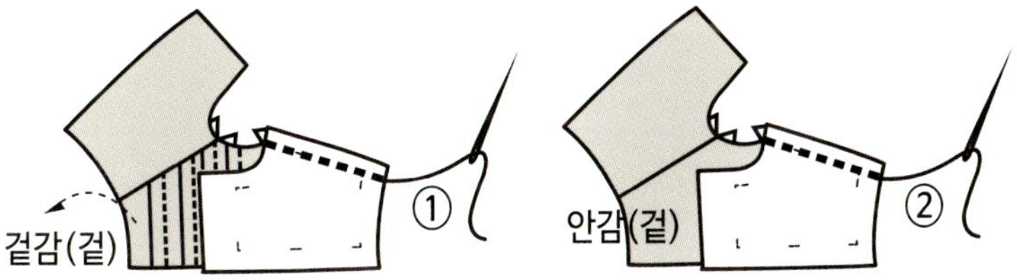

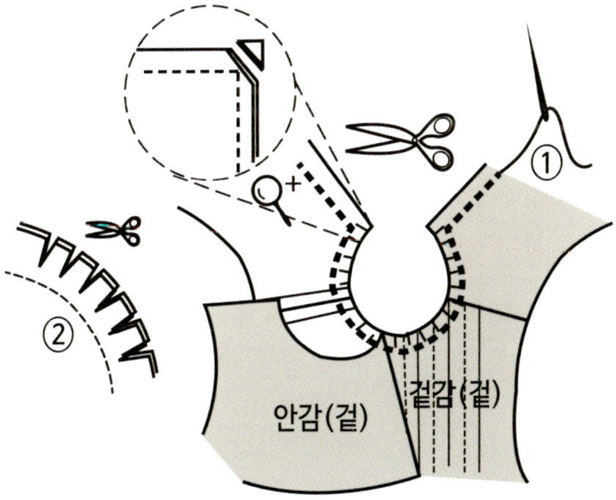

② 모서리 시접은 잘라내고, 곡선 시접은 가위집을 주고 안감은 뒤집어 준다.

6 상·하의 연결

상의와 하의를 겉끼리 맞대어 박는다

7 소매 연결

① 소매는 홈질해 당겨서 주름을 잡는다.

② 소매 입구 시접은 한 번 접어 박아 고무줄을 넣어준다.

③ 소매중심선과 어깨선을 맞추어 몸판과 소매의 겉끼리 맞대어 박는다.

8 소매 시접, 옆선 연결

앞·뒤의 옆선과 소매 밑단을 겉끼리 맞댄 다음 소맷부리부터 밑단까지 이어 박는다.

9 하의 하단 프릴 준비

프릴의 한쪽은 말아박기, 다른 한쪽은 홈질해 당겨서 주름을 잡는다.

10 프릴 연결

① 원피스 하의와 프릴을 겉끼리 맞대어 박는다.

② 0.1cm 상침한다.

11 원피스 마무리

① 하의의 뒤 중심선을 박는다.

② 단추를 달고, 자수실로 실고리를 만든다. (page 54 ⓔ 실고리 참고)

12 헤어캡

① 헤어캡 겉면 테두리에 레이스를 시침한다.

② 헤어캡 겉과 안을 겉끼리 맞대어 창구멍을 제외하고 박는다.

③ 창구멍을 통해 뒤집어, 0.7cm 고무줄 통로를 만들어 준 후 고무줄을 끼워준다.

13 헤어캡 마무리

고무줄은 당겨주고, 창구멍은 공그르기한다.

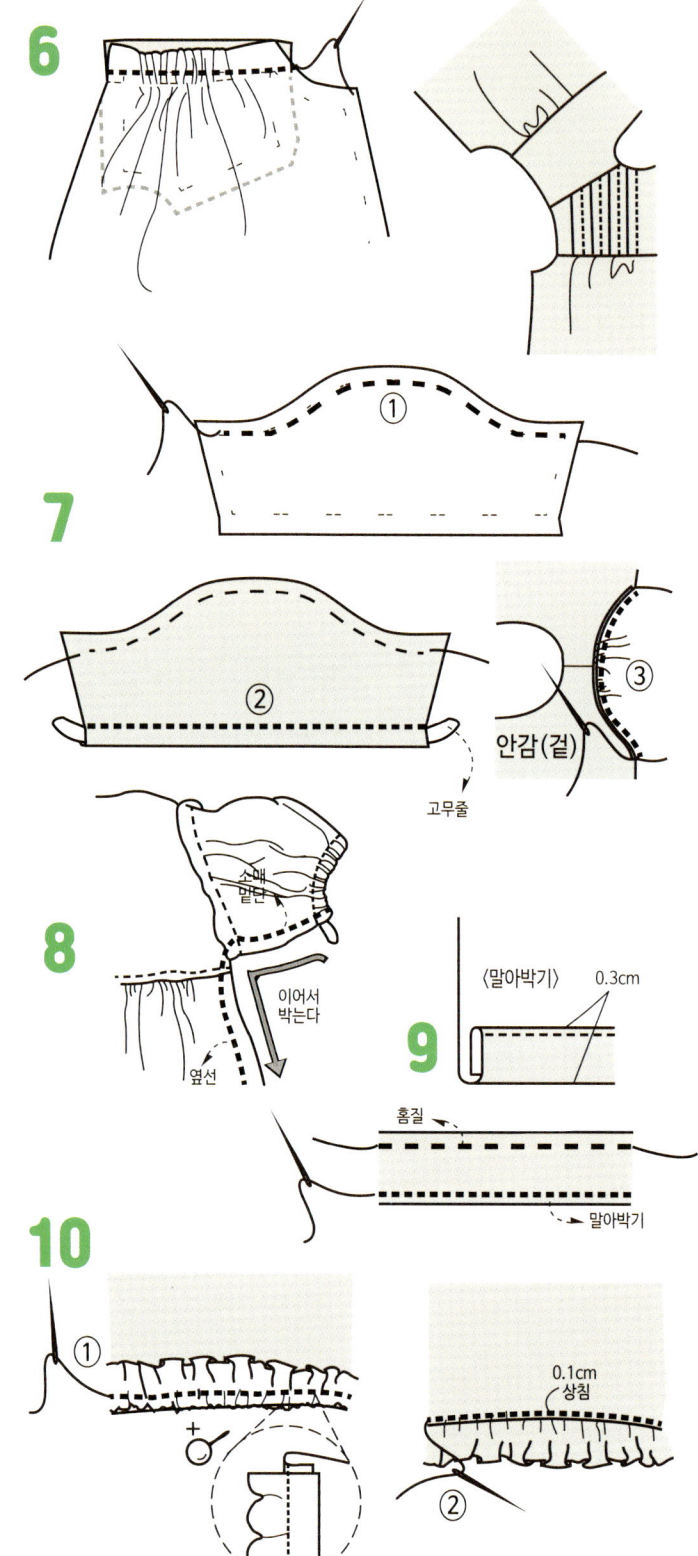

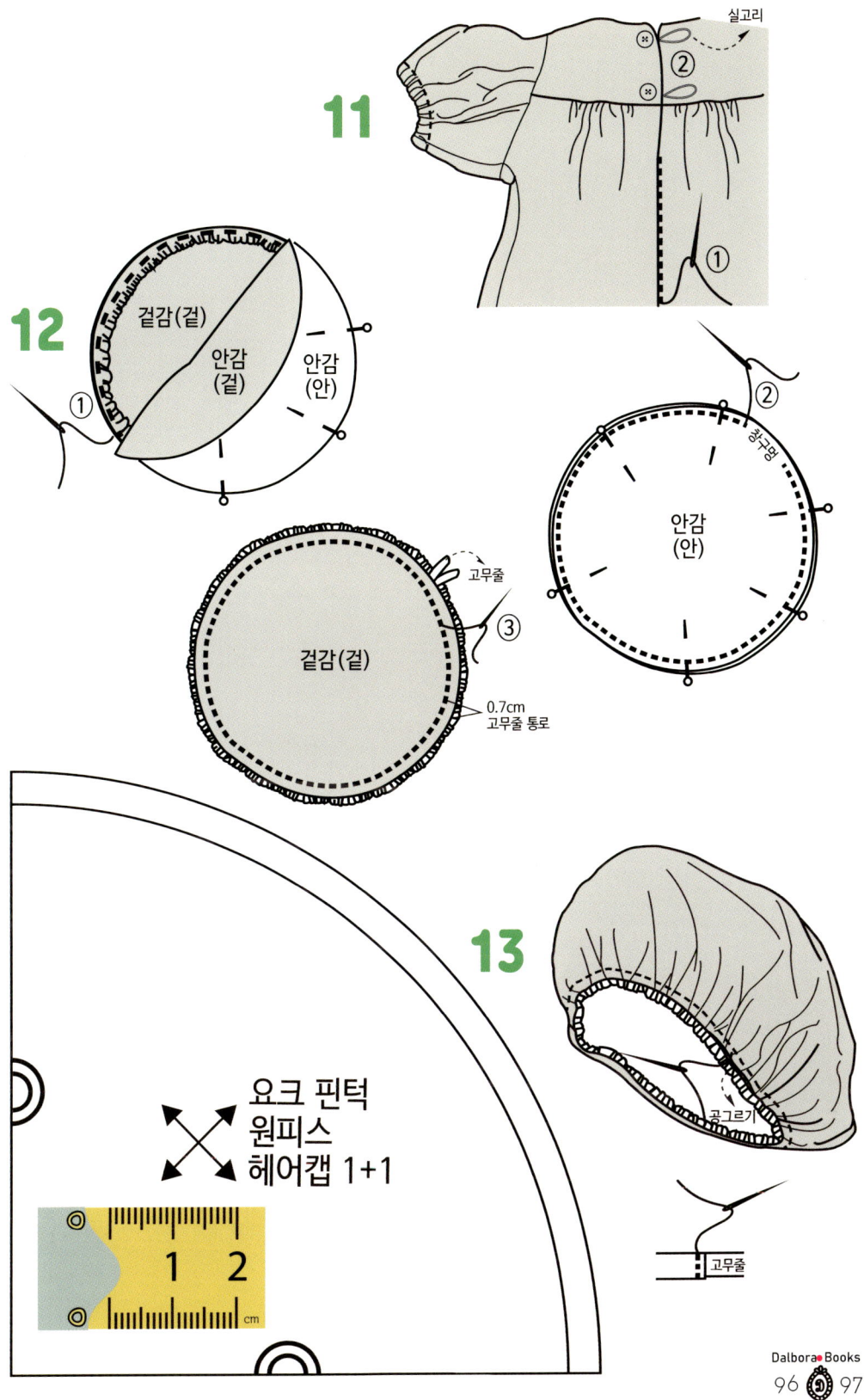

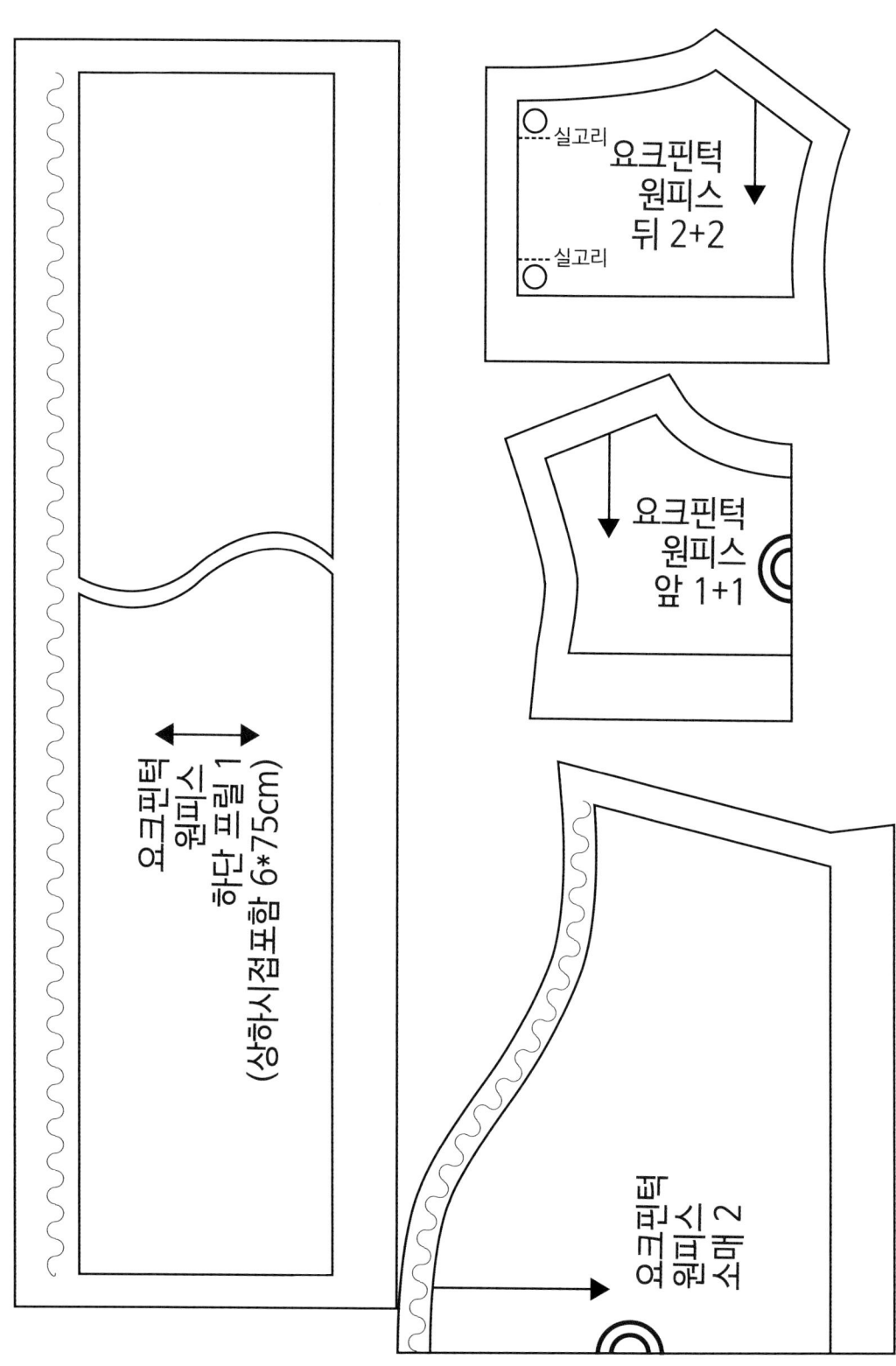

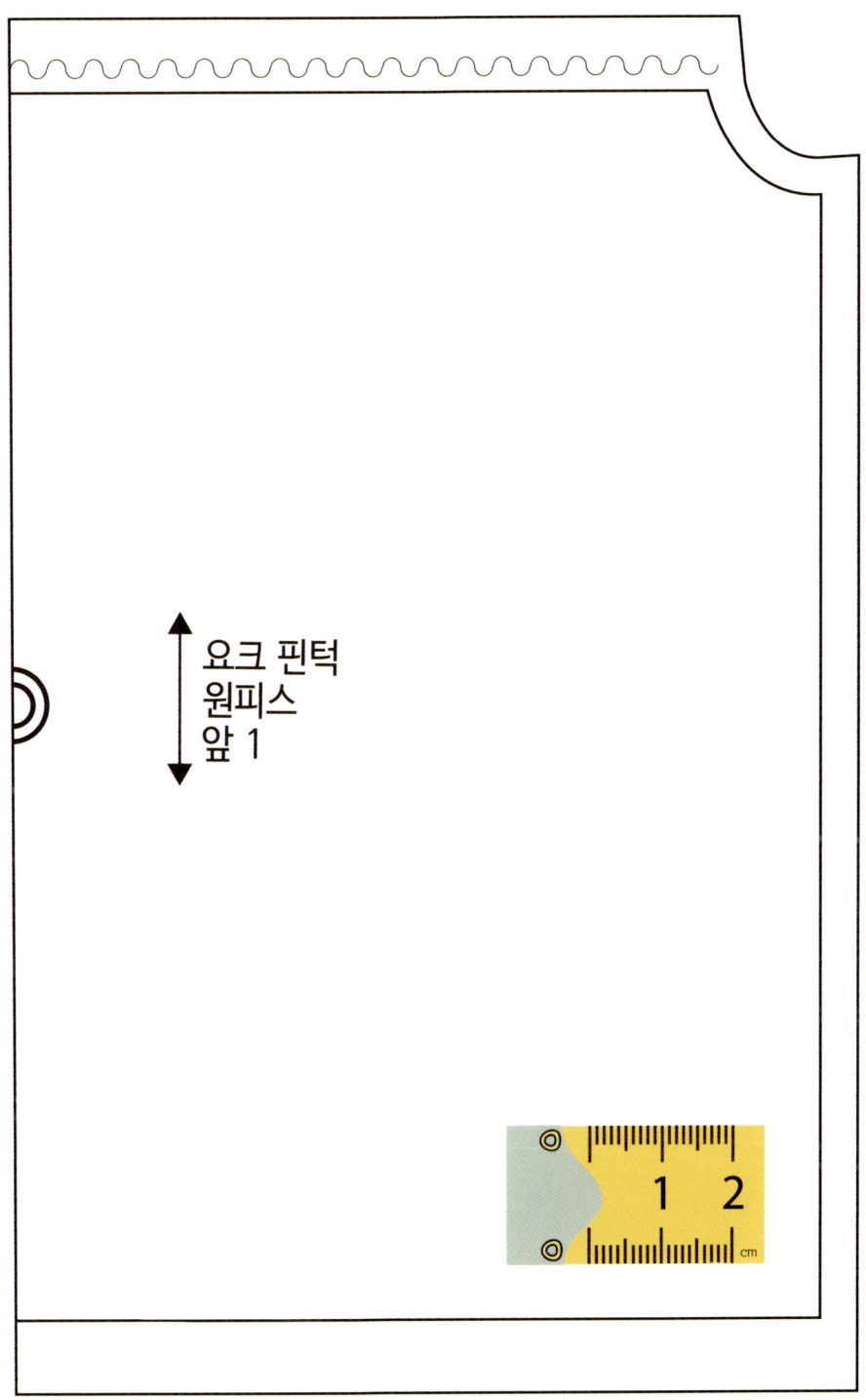

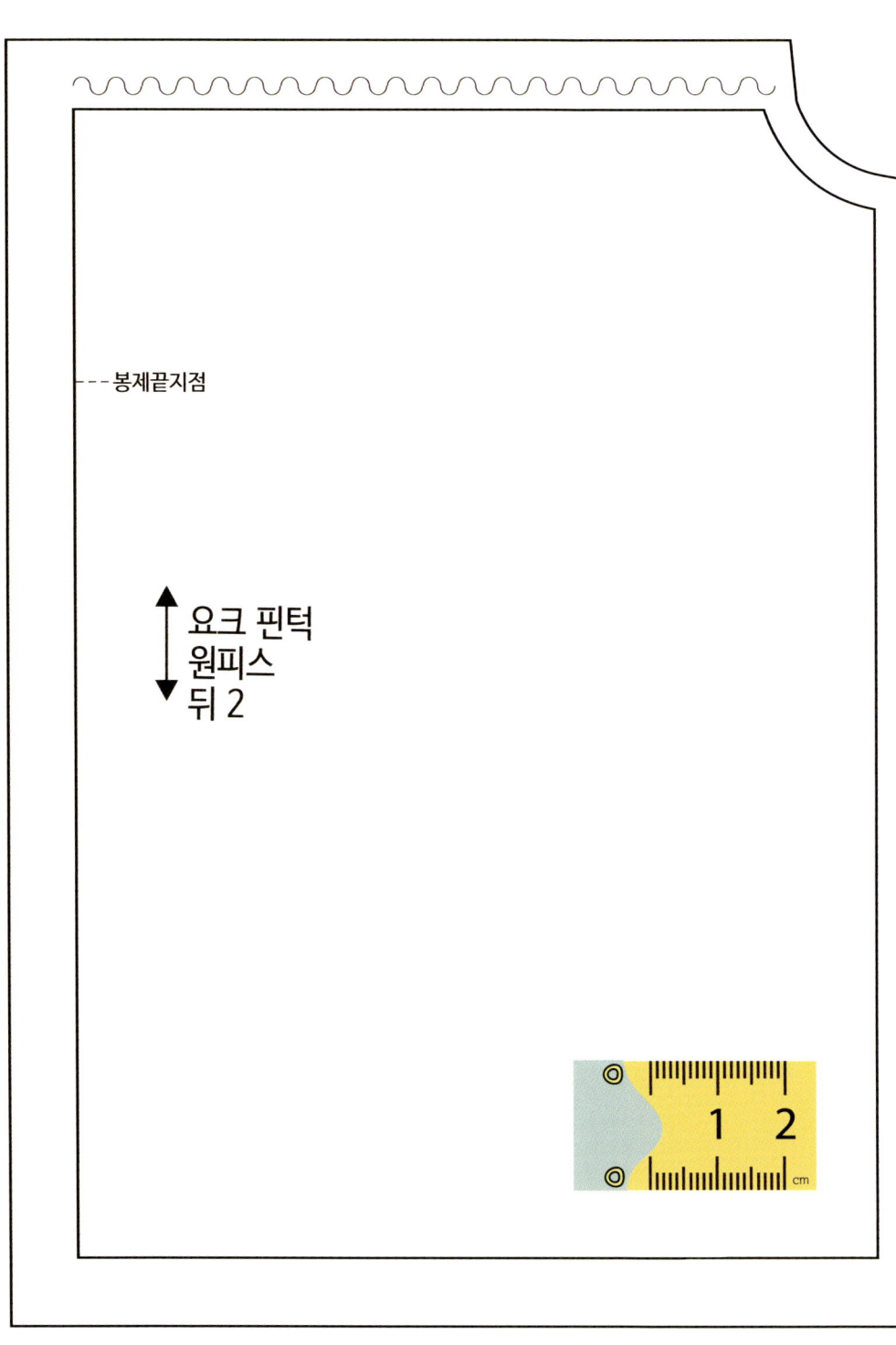

K 프릴핀턱원피스

`package`

【준비물】리넨, 미니단추, 고무줄, 자수실

1

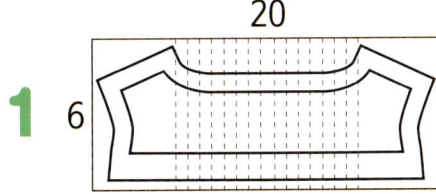

20
6

리넨

네크프릴

앞(안감)

뒤(안감) 뒤 앞

소매

뒤 앞

소매

35

원피스하단프릴 (6*70)

70

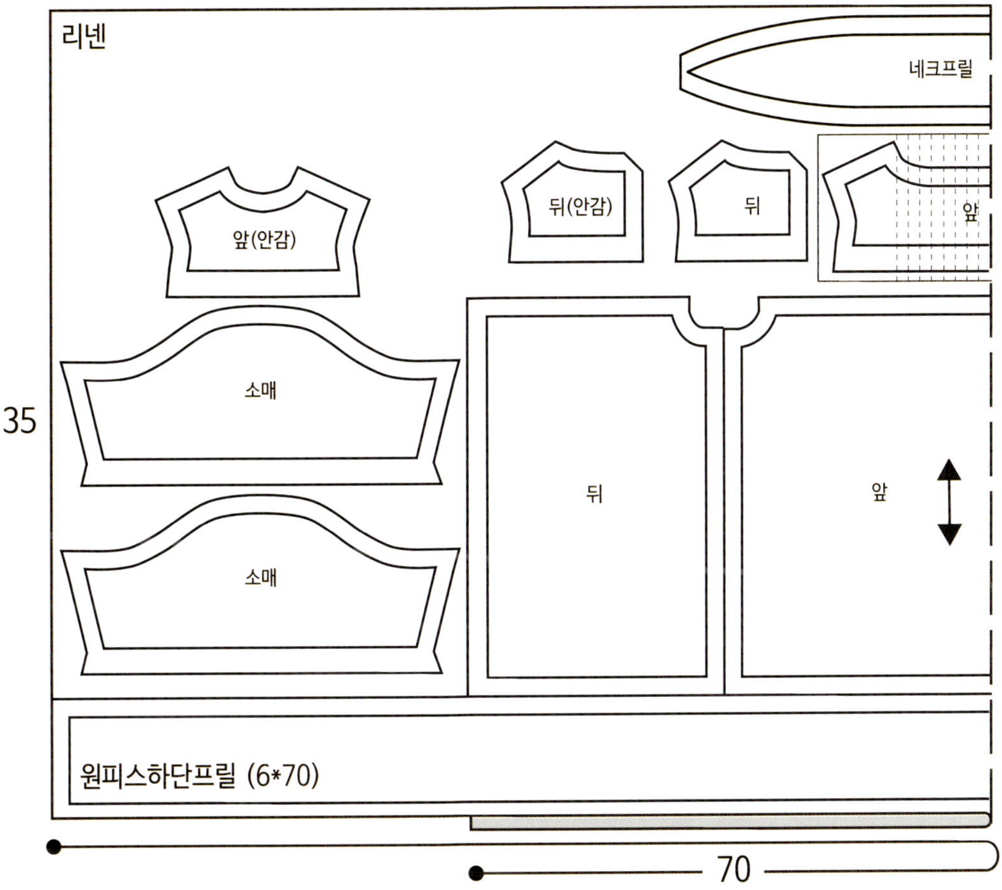

5

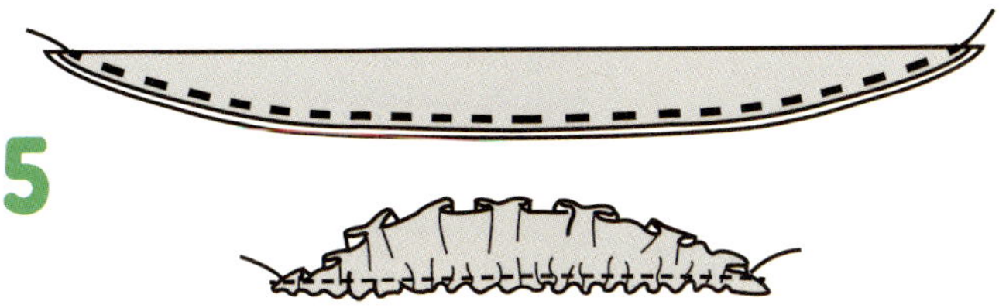

【만드는 방법】

1 마름질

상의 앞 핀턱 부분은 6*20으로 재단 후 핀턱을 잡는다.

… page 95 2-4

5 네크 프릴

프릴은 반을 접어 홈질해 당겨서 주름을 잡는다.

6 상의 겉·안감 연결

① 상의 겉에 프릴을 시침한다.

② 상의 겉감과 안감을 겉끼리 맞대어 박는다.

③ 모서리 시접은 잘라내고, 곡선 시접은 가윗집을 주고 안감은 뒤집어준다.

… page 96 6-11

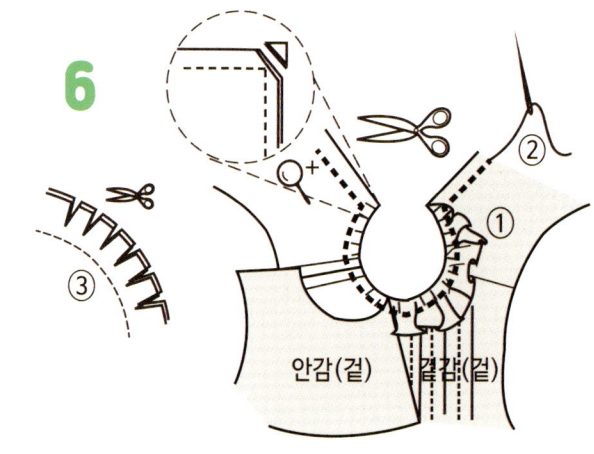

J 요크핀턱원피스와 동일한 디자인으로, 네크라인의 프릴만 추가된 디자인으로 네크라인의 프릴을 제외한 부분은 【만드는 방법】 page 95, 2~4 page 96, 6~11, 실물도안은 page 98, 99, 100 를 참고하세요.

L 핀턱원피스, 보닛

package

【준비물】30수리넨, 프린트면, 고무줄, 스냅단추

【만드는 방법】

1 마름질

상의 앞 핀턱 부분은 8*22로 재단 후 핀턱을 잡는다.

2 상의 핀턱

3 하의 핀턱

4 상·하의 연결

① 하의는 2줄 홈질해 당겨서 주름을 잡는다.

② 상의와 하의를 겉끼리 맞대어 박는다.

5 어깨 연결

① 상의 어깨를 겉끼리 맞대어 박는다.

② 견반 어깨를 겉끼리 맞대어 박는다.

6 견반 연결

① 상의와 견반을 겉끼리 맞대어 박는다.

② 모서리 시접은 잘라내고, 곡선 시접은 가위집을 주고 안감은 뒤집어 준다.

7 안단 정리

안단은 한번 접어 박는다.

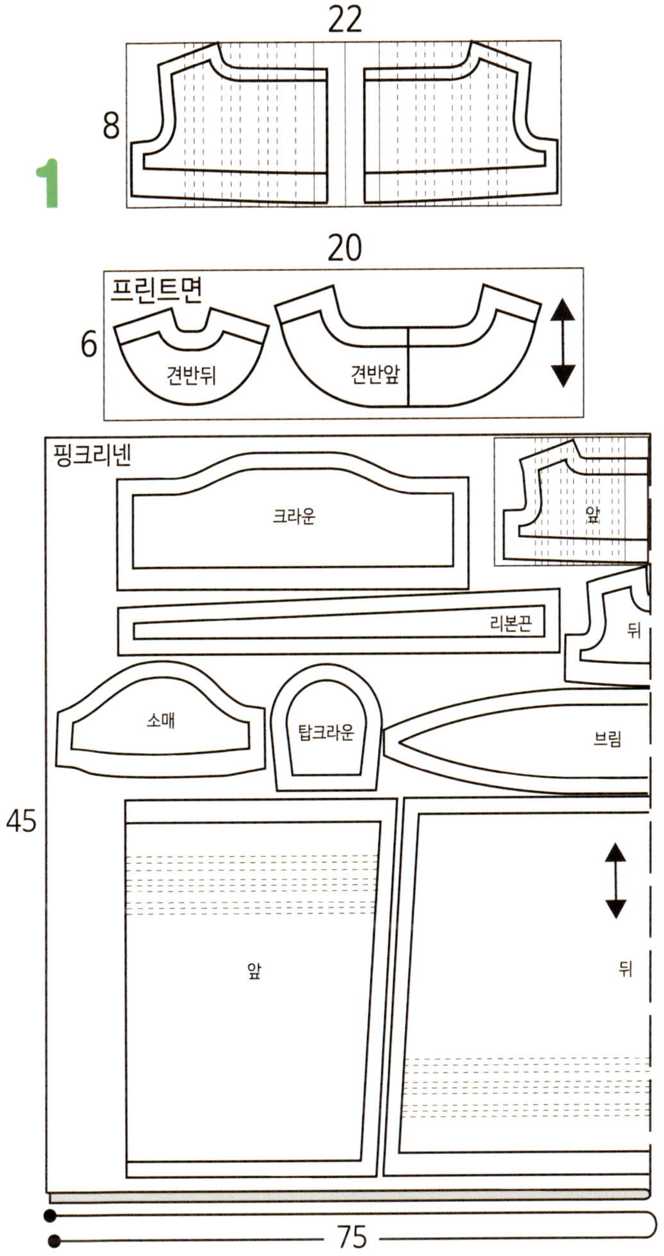

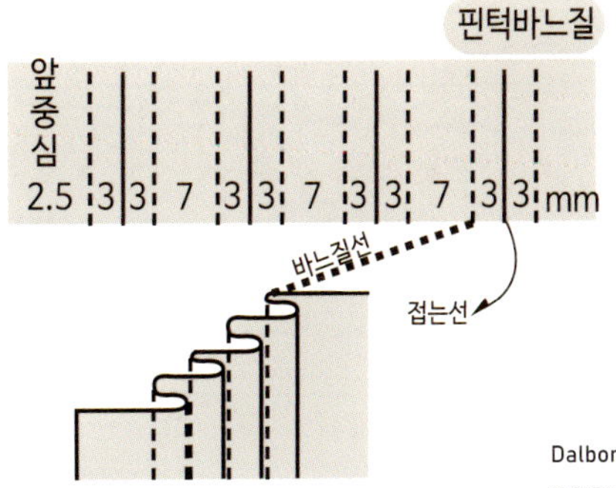

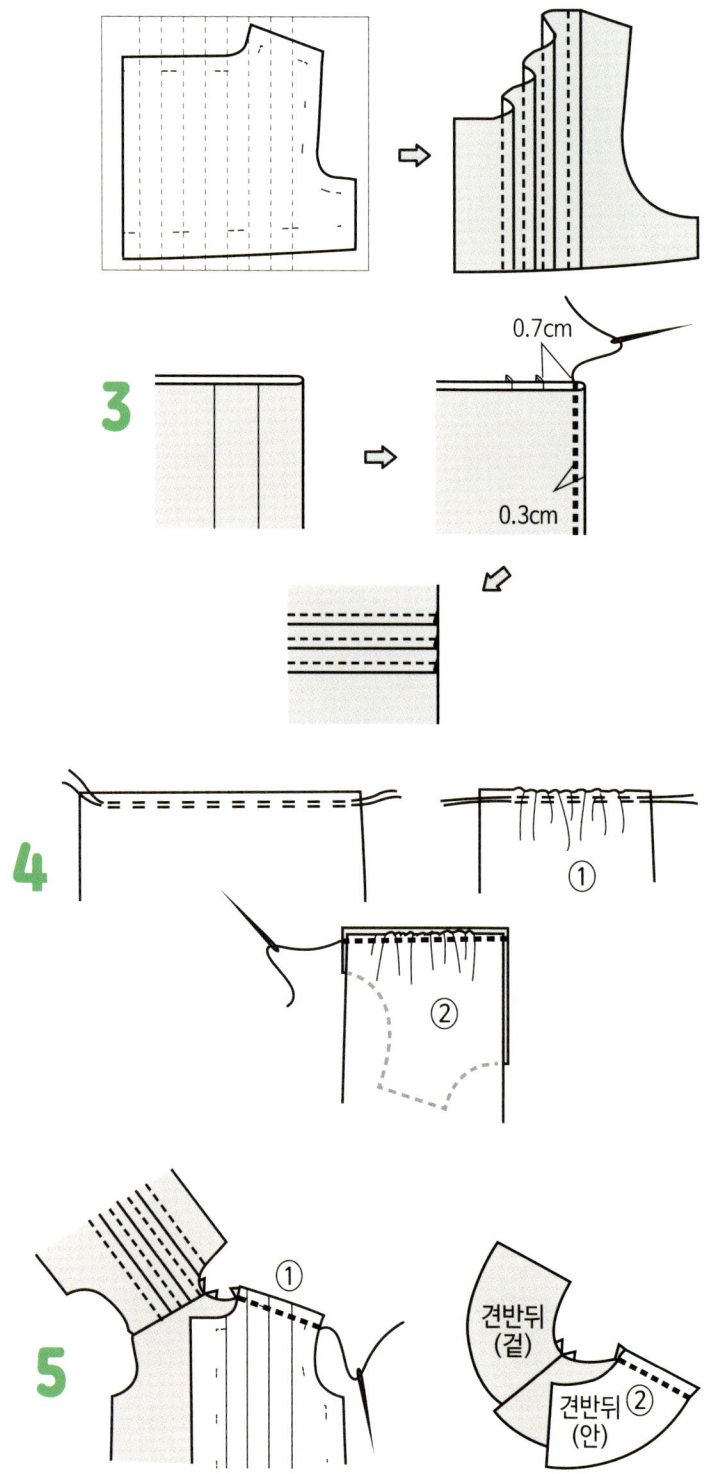

8 소매 연결

① 소매 패턴 ○~○는 홈질해 당겨서 주름을 잡는다.

② 소매 입구 시접은 한 번 접어 박아 고무줄을 넣어준다.

③ 소매중심선과 어깨선을 맞추어 몸판과 소매의 겉끼리 맞대어 박는다.

9 소매시접, 옆선 연결

앞·뒤의 옆선과 소매 밑단을 겉끼리 맞댄 다음 소맷부리부터 밑단까지 이어 박는다.

10 원피스 마무리

① 밑단은 0.5㎝ 두 번 접어 박는다.

② 정해진 위치에 스냅단추를 달아준다.

11 브림

브림은 반을 접어 홈질해 당겨서 주름을 잡는다.

12 브림 연결

브림과 사이드크라운을 겉끼리 맞대어 시침한다.

13 탑크라운 연결

① 사이드크라운의 ○~○는 홈질해 당겨서 주름을 잡는다.

② 사이드크라운과 탑크라운을 겉끼리 맞대어 박는다(겉감과 안감은 동일한 방법).

14 겉감·안감 연결

① 보닛의 겉과 안을 겉끼리 맞대어 보닛끈을 사이에 넣고 창구멍을 제외하고 박는다.

② 창구멍을 통해 뒤집어준 후 창구멍은 공그르기 한다.

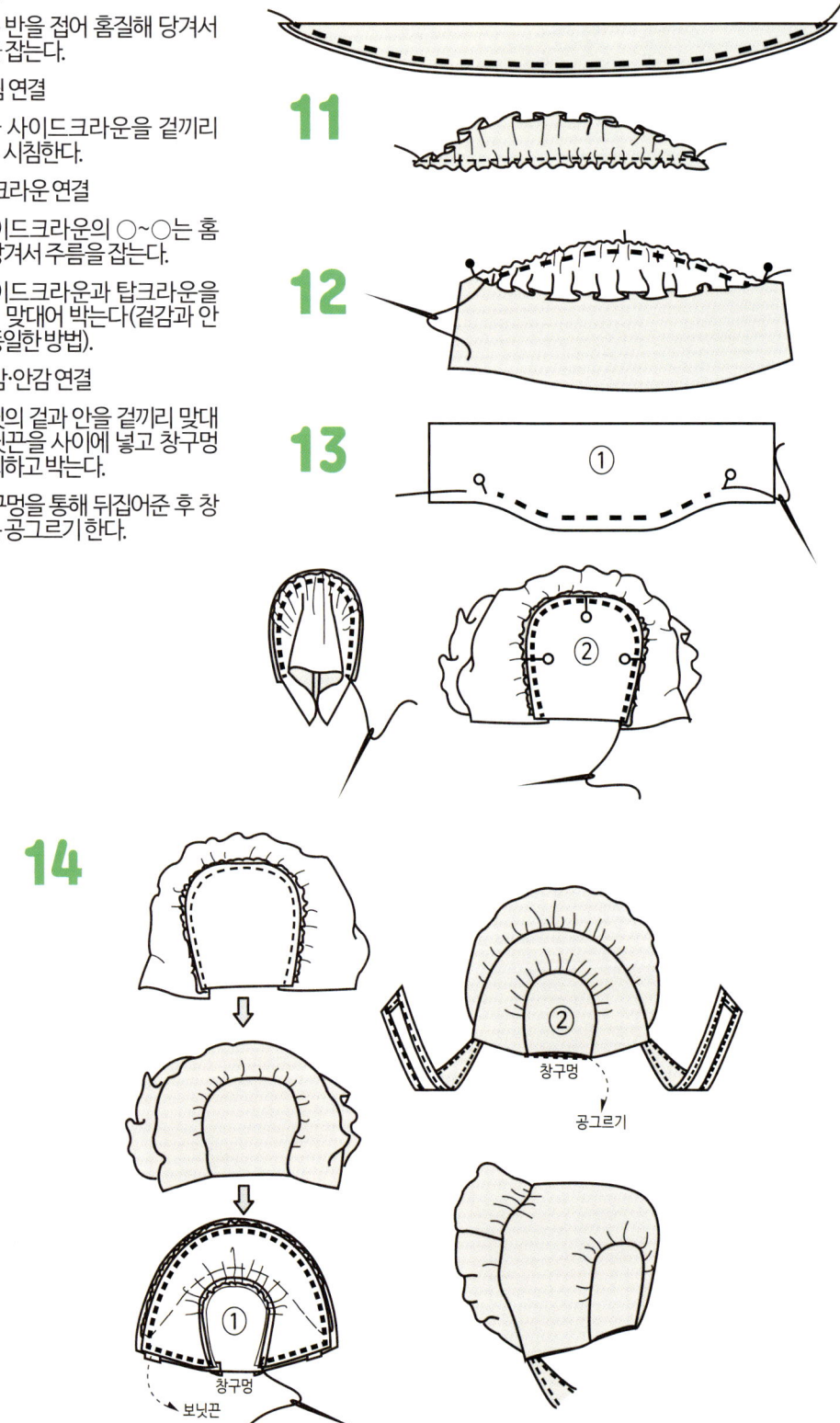

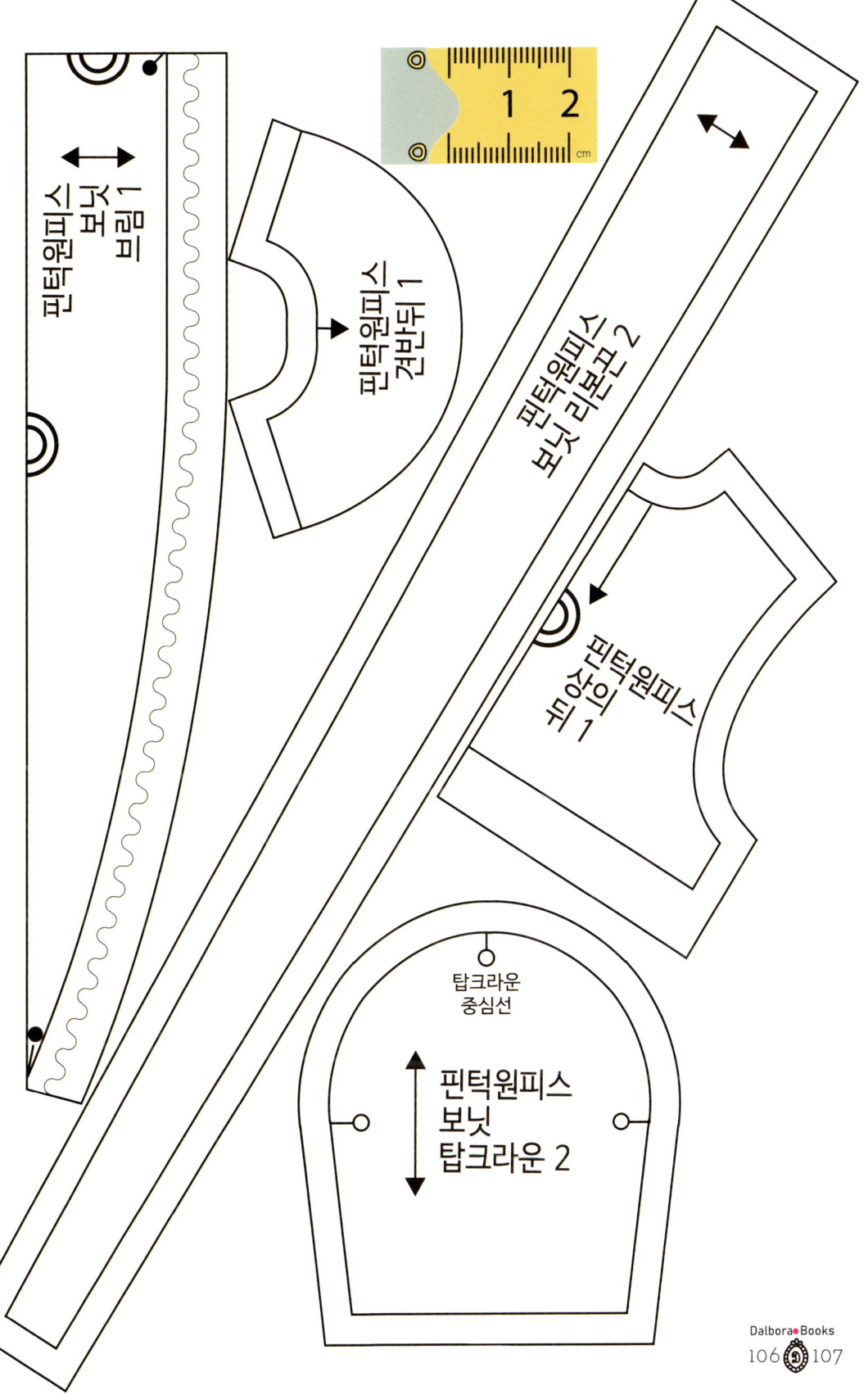

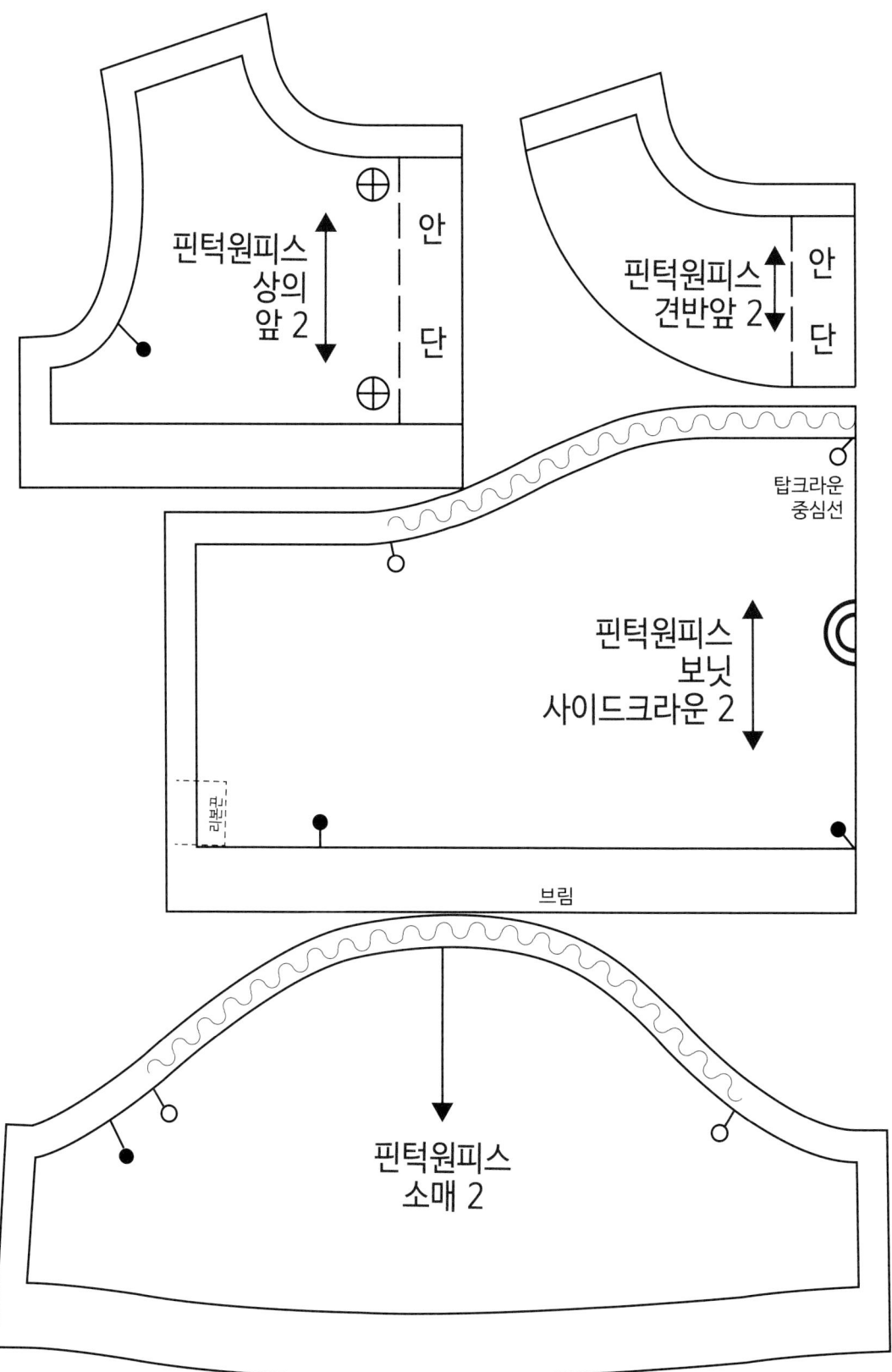

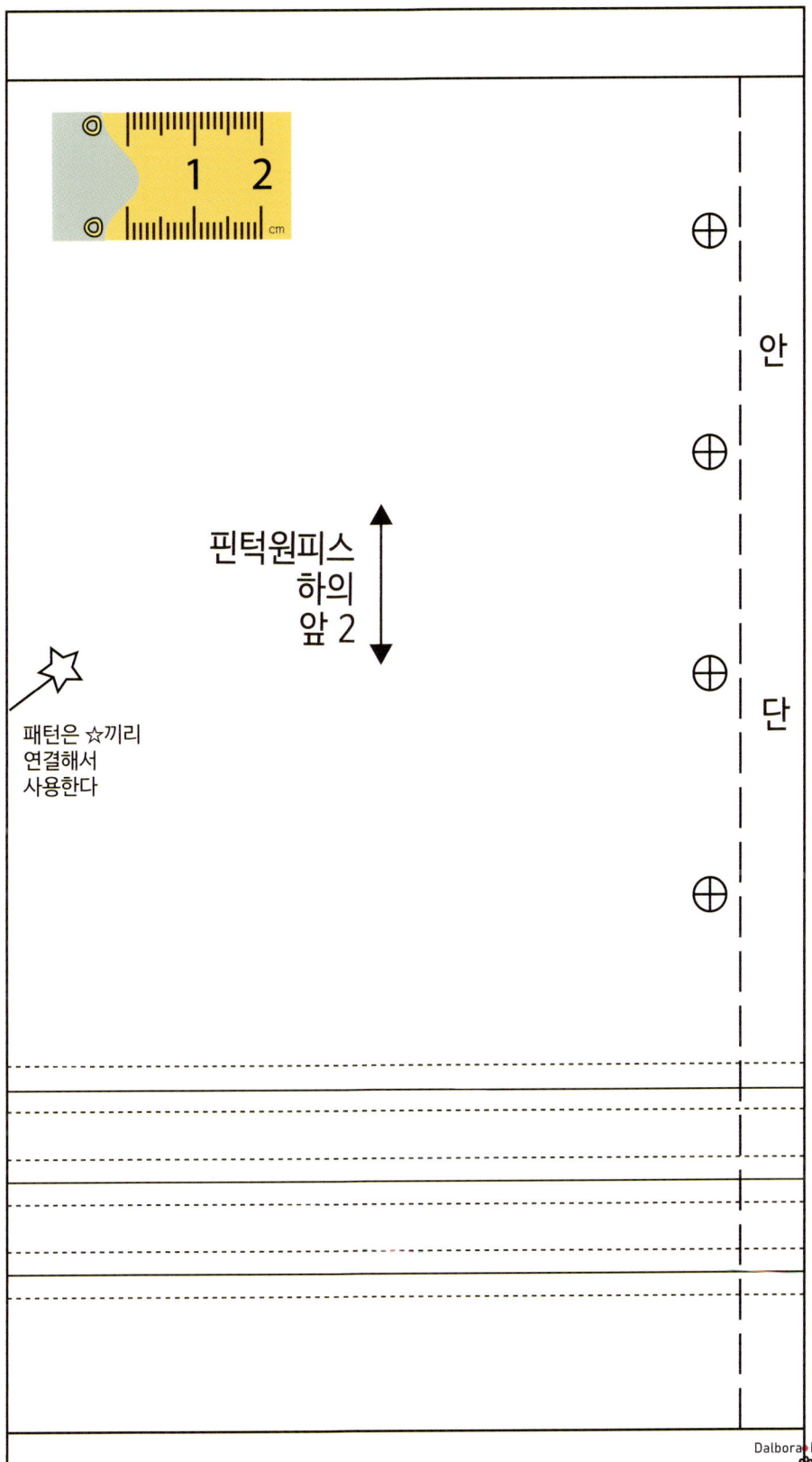

패턴은 ★끼리
연결해서
사용한다

패턴은 ☆끼리
연결해서
사용한다

패턴은 ★끼리
연결해서
사용한다

핀턱원피스
하의
뒤 1

M 셔츠, 청바지

package

【준비물】체크리넨, 미니단추, 스냅단추, 데님원단(신축성있는일방, 또는 사방스판으로준비), 스트라이프원단, 라벨, 리벳, 벨크로

【만드는방법】
1 마름질
2 소매턱
3 소매 커프스 연결
4 칼라
① 칼라를 겉끼리 맞대어 박는다.
② 창구멍을 통해 뒤집어 준다.
5 칼라, 칼라밴드 연결
① 칼라밴드를 겉끼리 맞대어 사이에 칼라를 넣고 박는다.
② 창구멍을 통해 뒤집어 준다.
6 셔츠 뒤 턱(주름)
7 셔츠 뒤 완성
셔츠 뒤의 위·아래를 겉끼리 맞대어 박는다.
8 어깨 연결
셔츠 앞·뒤를 겉끼리 맞대어 어깨를 박는다.
9 소매 연결
소매중심선과 어깨선을 맞추어 몸판과 소매를 겉끼리 맞대어 박는다.

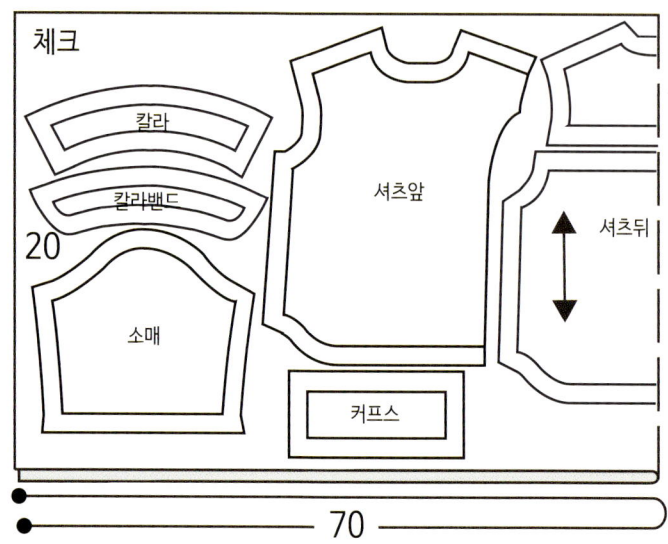

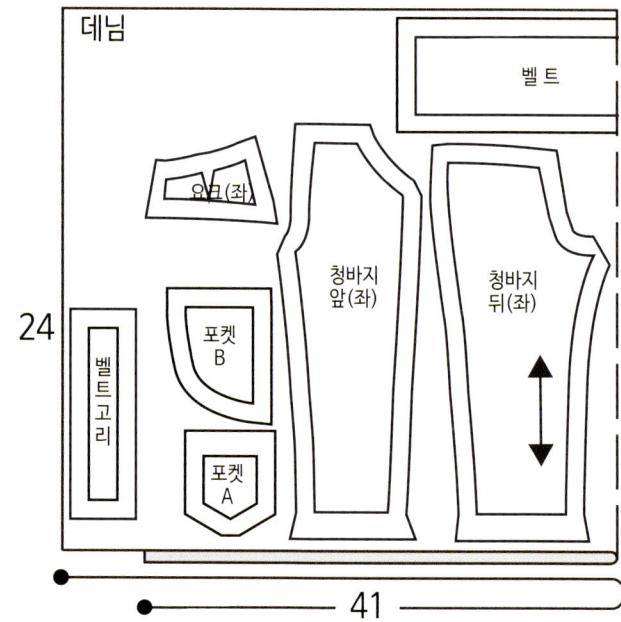

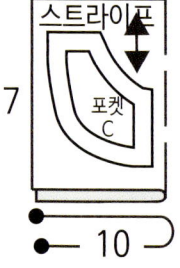

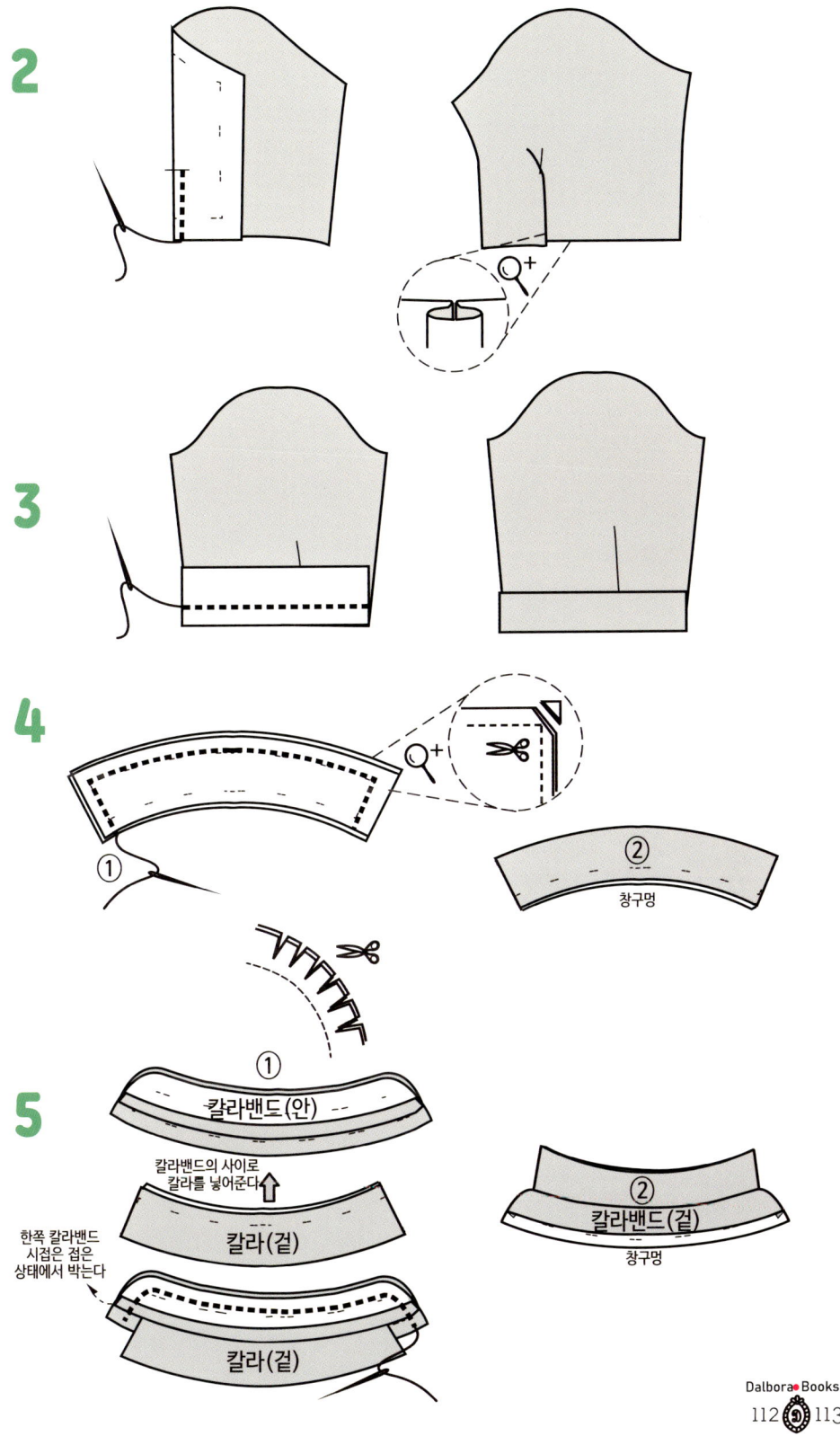

10 옆선 연결, 커프스 시접

① 앞·뒤의 옆선과 소매 밑단을 겉끼리 맞댄 다음 소맷부리부터 밑단까지 이어 박는다.

② 커프스는 두 번 접어 공그르기 한다.

11 칼라 연결

① 칼라와 셔츠를 겉끼리 맞대어 박는다.

② 칼라는 공그르기한다.

12 안단, 밑단 마무리

① 안단의 밑단을 박는다.

② 밑단은 0.5㎝ 두 번 접어 박는다.

③ 정해진 위치에 단추를 달아준다.

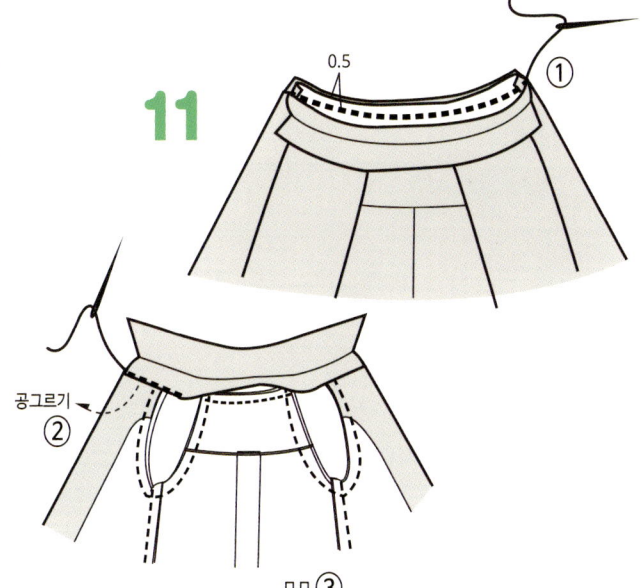

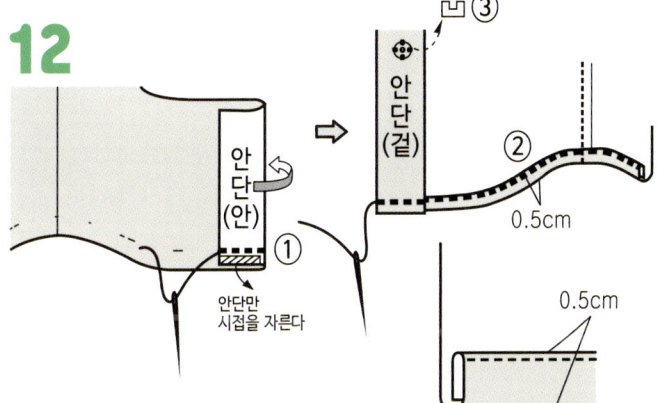

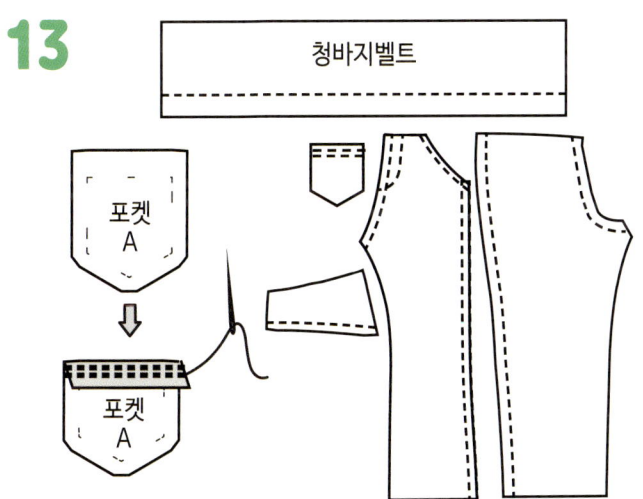

13 스티치

재봉 전 미리 스티치 한다 (전체 재봉 후 스티치도 무관).

14 포켓A 연결

포켓은 정해진 위치에 박는다.

15 포켓B, C 연결

① 청바지 앞과 포켓C를 겉끼리 맞대어 박는다.

② 안쪽으로 뒤집어 주고 0.1cm 상침한다.

③ 포켓B를 박는다.

16 요크 다트

17 요크 연결, 좌·우 연결

① 청바지 뒤와 요크를 겉끼리 맞대어 박는다.

② 청바지 앞 좌·우를 겉끼리 맞대어 박는다.

③ 청바지 뒤 좌·우를 겉끼리 맞대어 박는다.

18 앞·뒤 연결, 밑단 처리

① 청바지 앞·뒤를 겉끼리 맞대어 옆선을 박는다.

② 밑단은 한 번 접어 박는다.

19 밑위 연결

밑위를 U자로 박는다.

20 허리벨트

가로로 반을 접어 양 끝을 박는다.

21 허리벨트 연결

① 청바지와 허리벨트를 겉끼리 맞대어 박는다.

② 허리벨트는 안쪽으로 뒤집어 공그르기한다.

③ 여밈부분은 벨크로를 박는다.

22 벨트고리 연결

23 리벳 연결

정해진 위치에 리벳을 박는다.

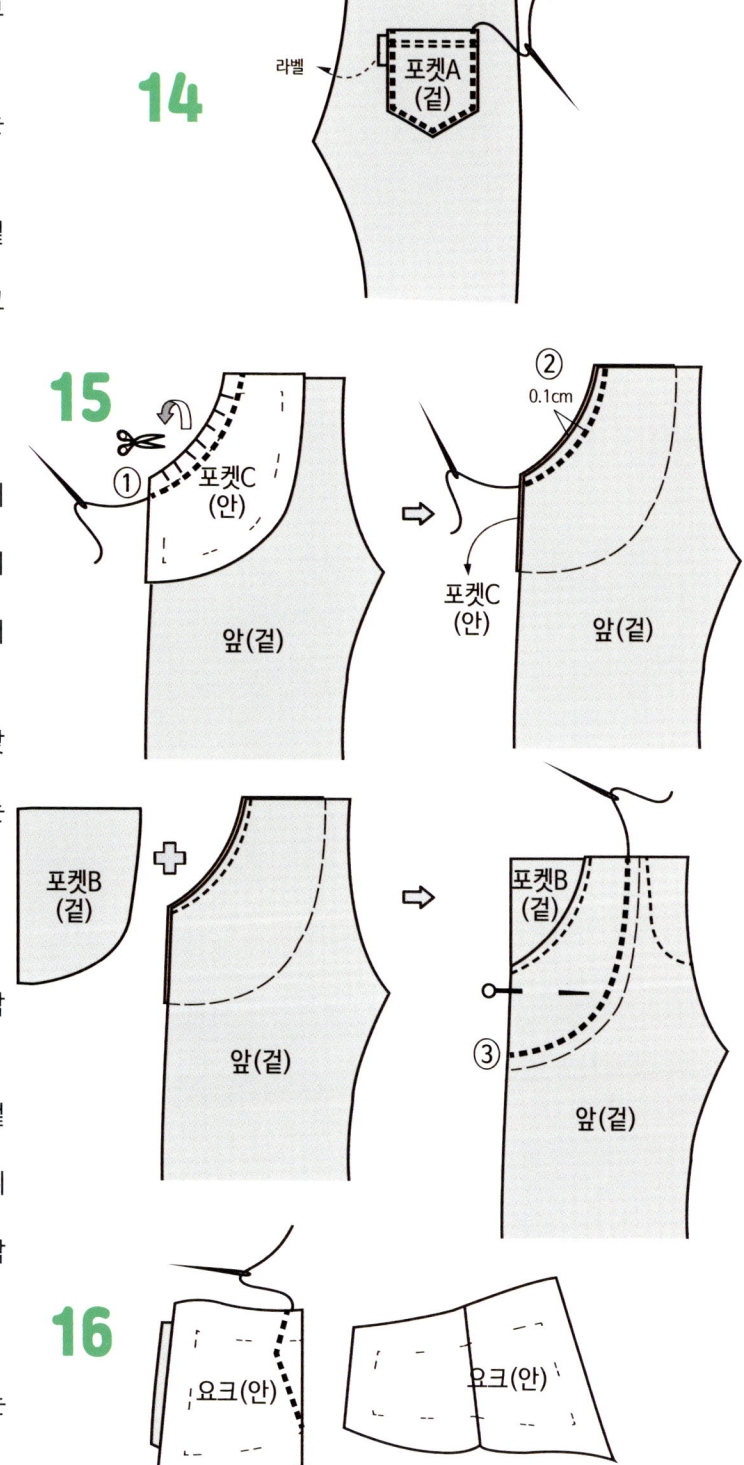

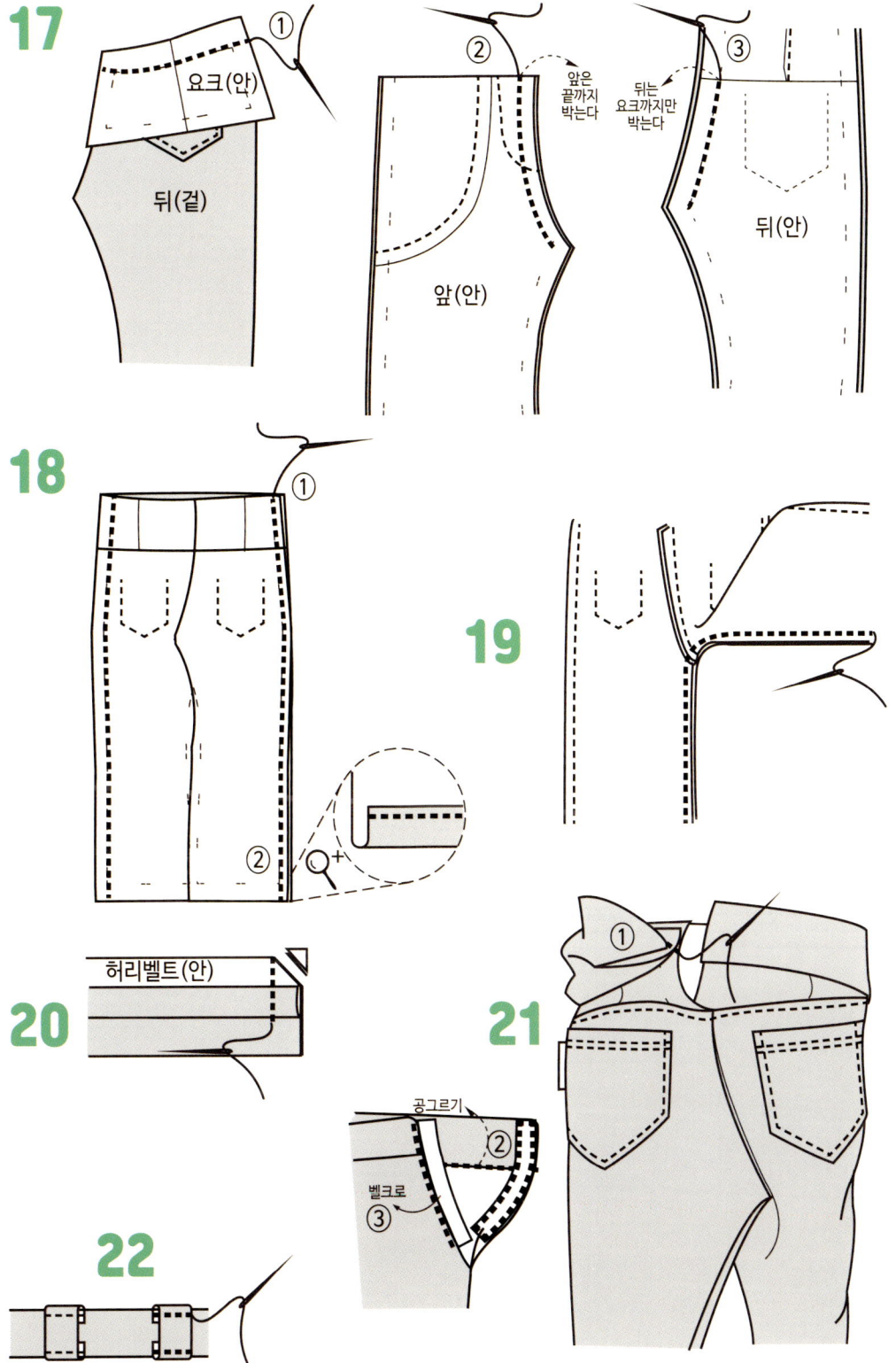

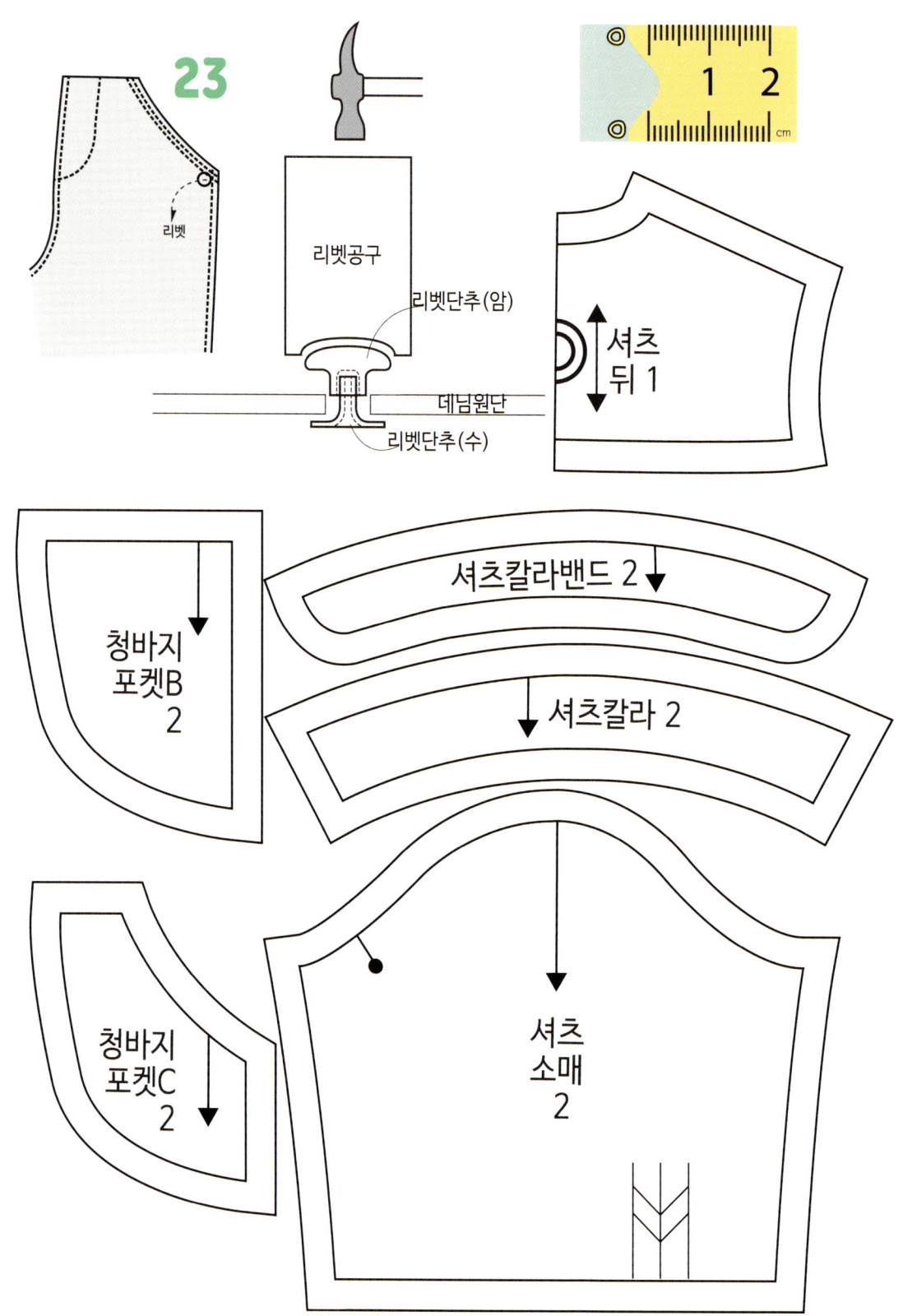

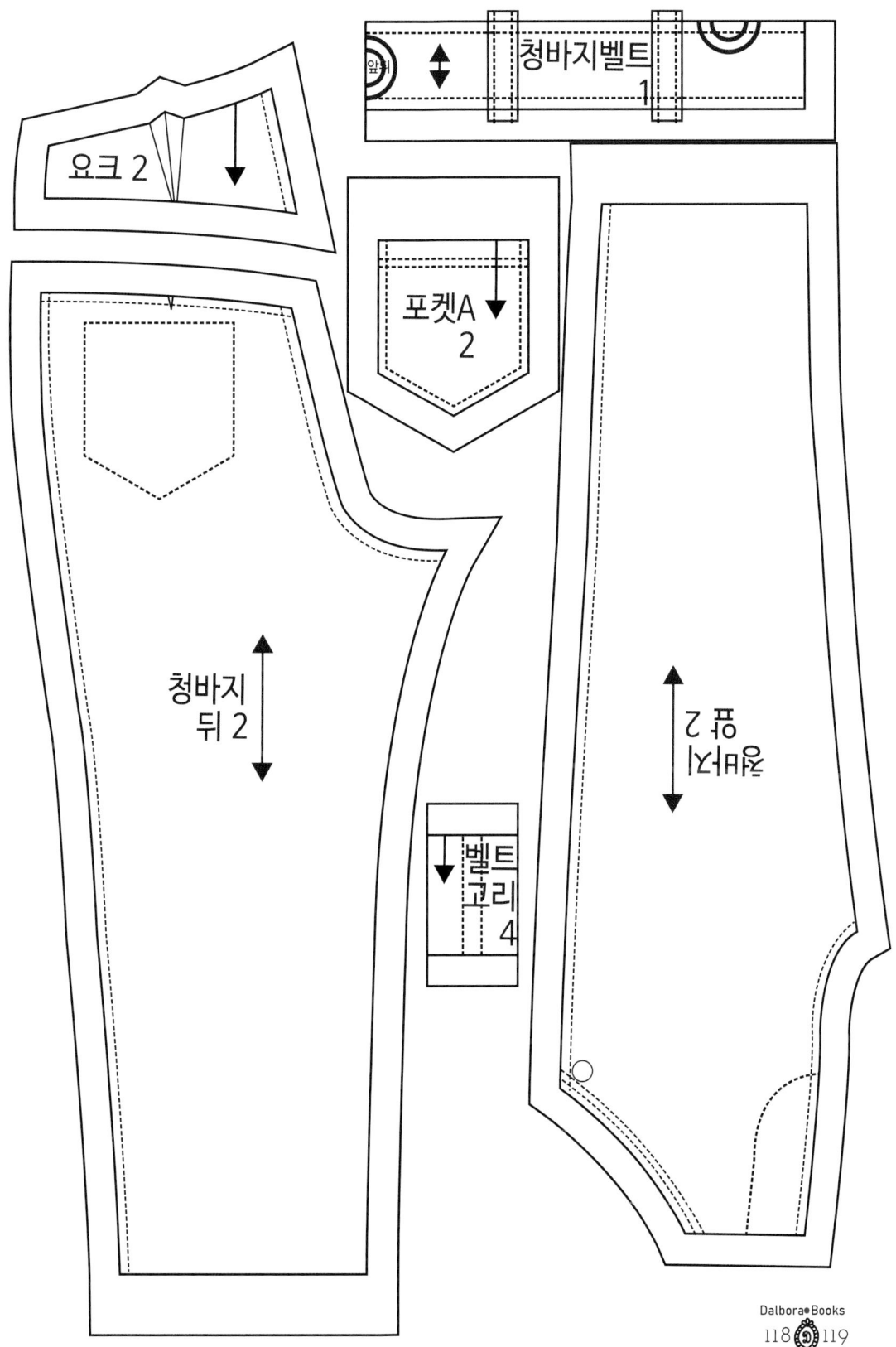

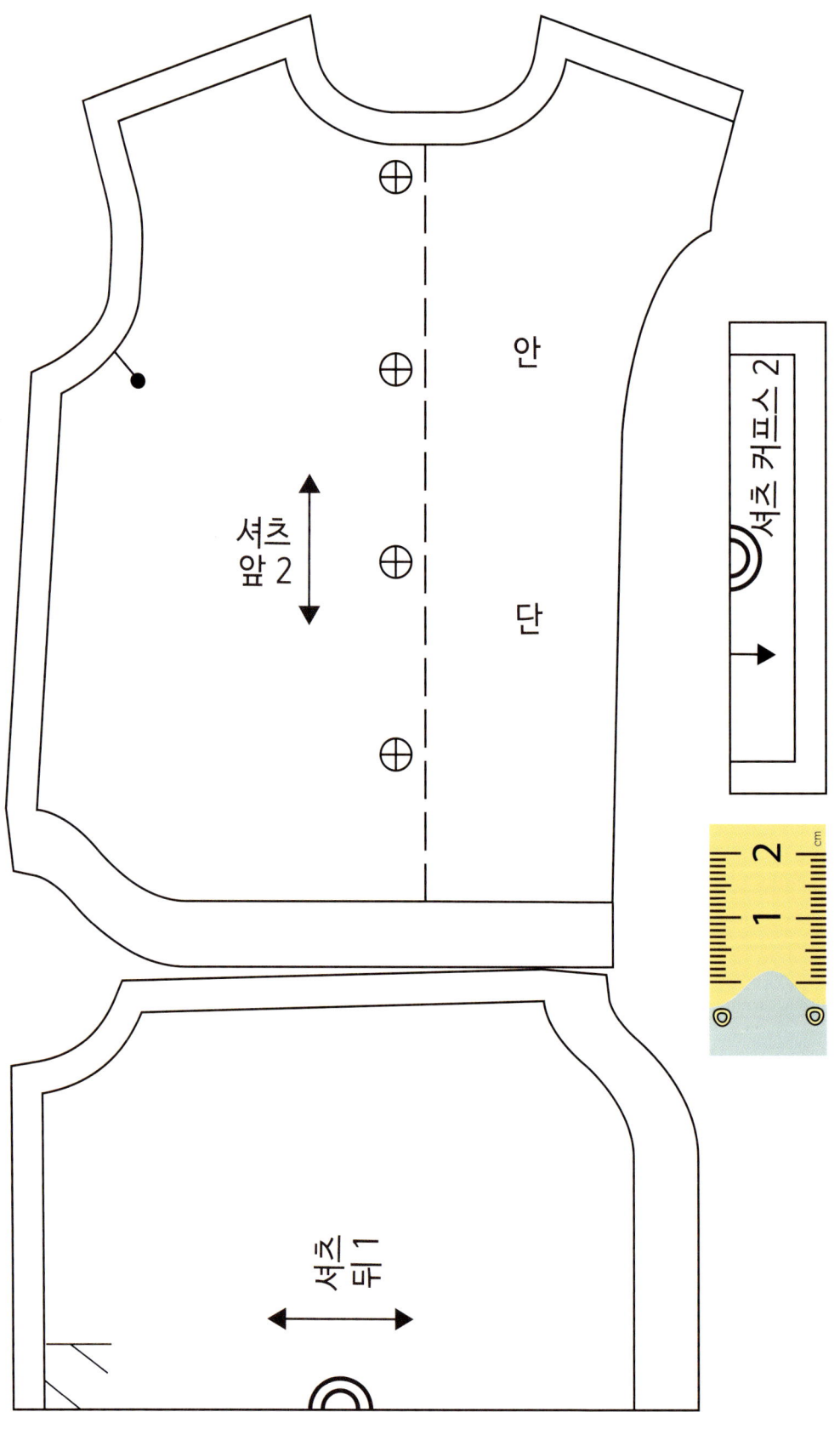

N 티셔츠 오버롤

package

【준비물】다이마루 원단, 스냅단추, 12cm 시보리, 골덴원단(신축성 있는 일방, 또는 사방스판으로 준비), 플라워면, 가죽, 멜빵버클, 리벳

【만드는 방법】

1 마름질

2 소맷단, 소매 연결

① 소맷단은 한 번 접어 박는다.

② 몸판과 소매를 겉끼리 맞대어 박는다.

3 옆선 연결

앞·뒤의 옆선과 소매 밑단을 겉끼리 맞댄 다음 소맷부리부터 밑단까지 이어 박는다.

4 시보리 연결, 안단 연결

① 시보리는 네크라인 길이로 당겨 몸판과 시보리를 겉끼리 맞대어 박는다.

② 안단은 안쪽으로 한 번 접어 박는다.

5 티셔츠 마무리

① 밑단은 한 번 접어 박는다.

② 정해진 위치에 스냅단추를 달아준다.

6 포켓A 연결, 포켓B 준비

① 포켓A는 정해진 위치에 박는다.

② 포켓B는 겉끼리 맞대어 창구멍을 제외하고 박는다.

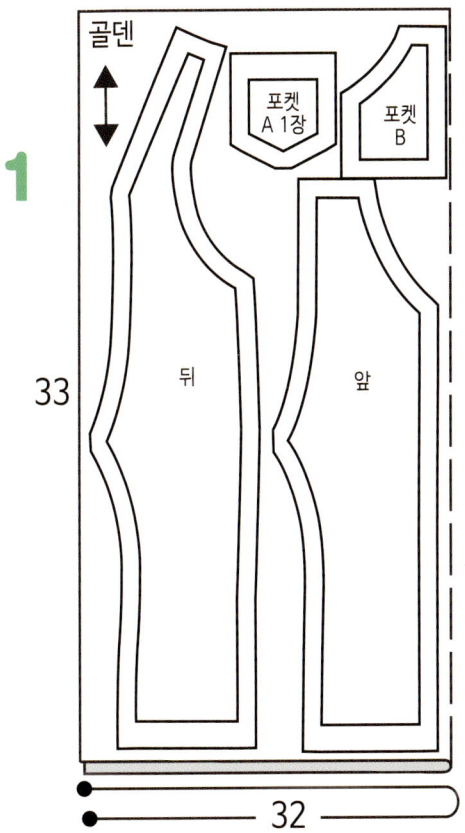

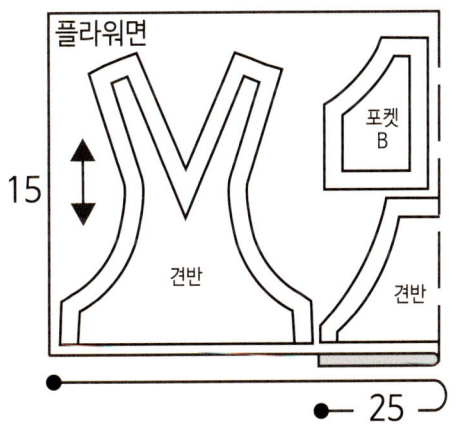

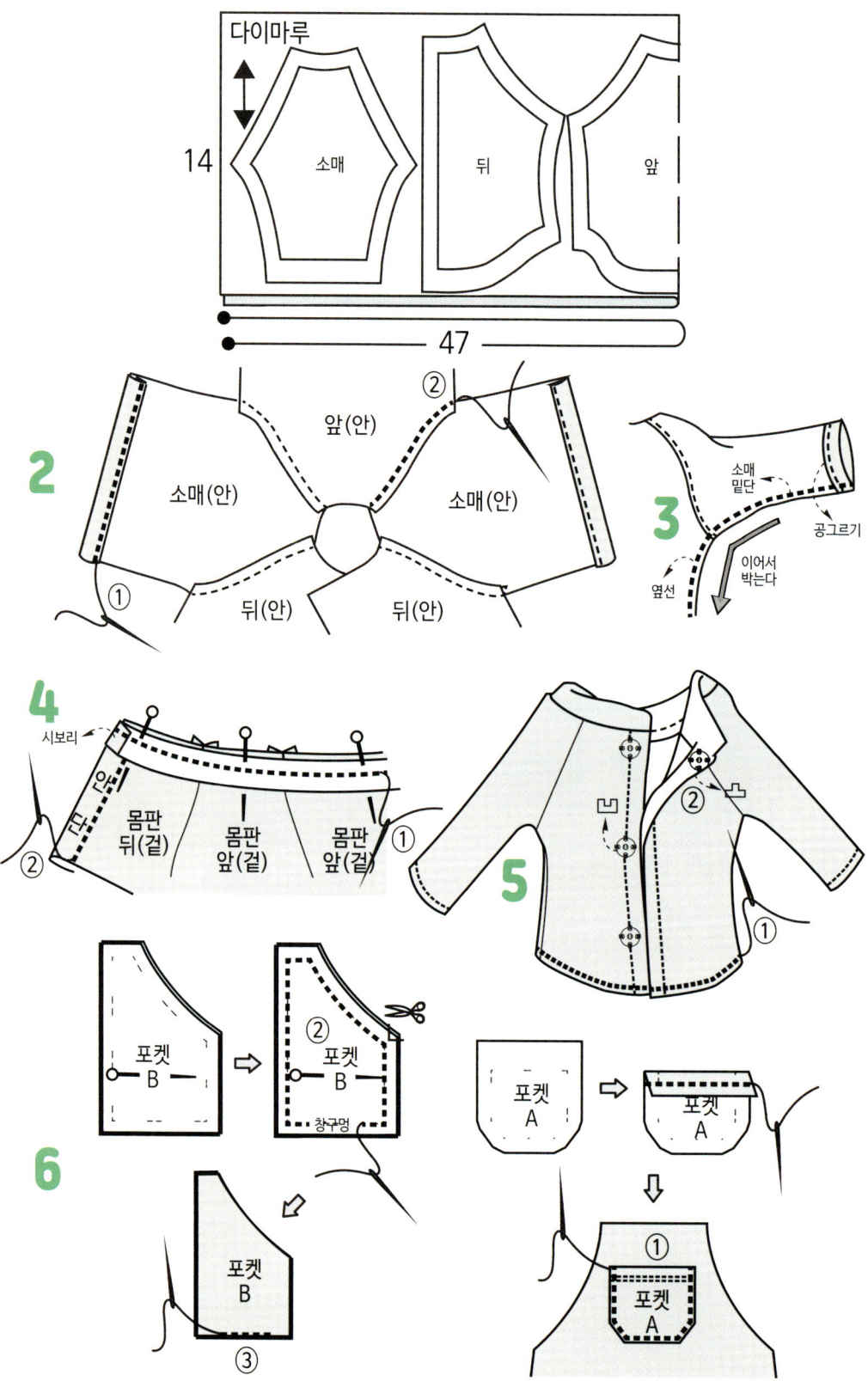

③ 창구멍을 통해 뒤집어 준 후 창구멍은 공그르기한다.

7 오버롤 앞 중심 연결

오버롤 앞 좌·우를 겉끼리 맞대어 박는다.

8 오버롤 견반 연결

① 오버롤 앞과 견반을 겉끼리 맞대어 박는다.

② 모서리 시접은 잘라내고, 곡선 시접은 가위집을 주고 견반은 뒤집어 준다.

9 오버롤 뒤 좌·우 연결, 견반 연결

① 오버롤 뒤 좌·우를 겉끼리 맞대어 박는다.

② 오버롤 뒤와 견반을 겉끼리 맞대어 박는다.

10 앞·뒤 연결, 밑단 처리

① 오버롤 앞·뒤를 겉끼리 맞대어 옆선을 박는다.

② 밑단은 한번 접어 박는다.

③ 포켓B는 정해진 위치에 박는다.

11 밑위 연결

밑위를 U자로 박는다.

12 버클, 리벳 연결

정해진 위치에 작은 가죽조각과 버클, 리벳을 연결한다.

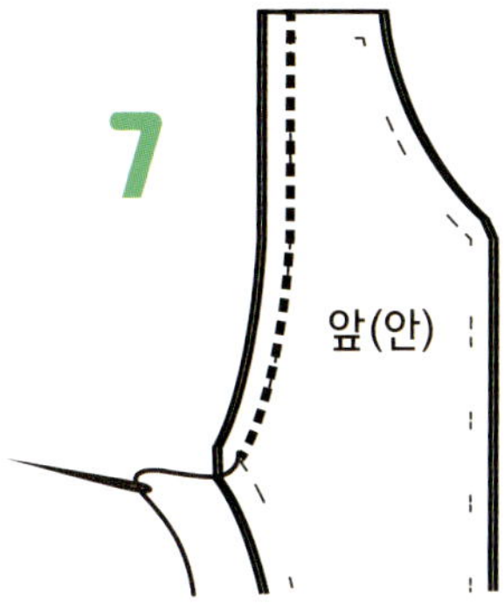

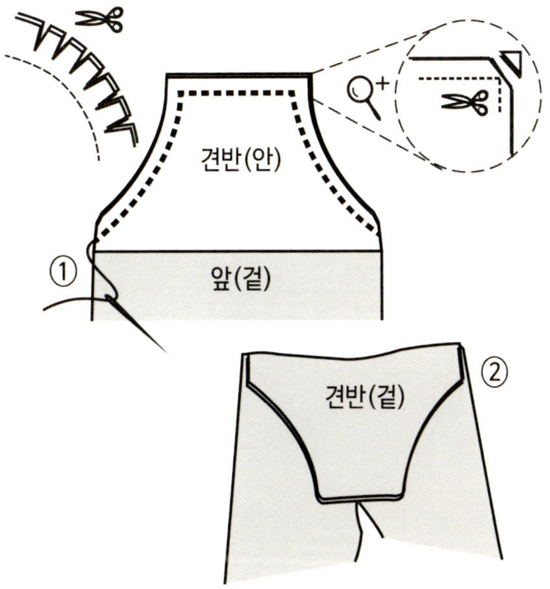

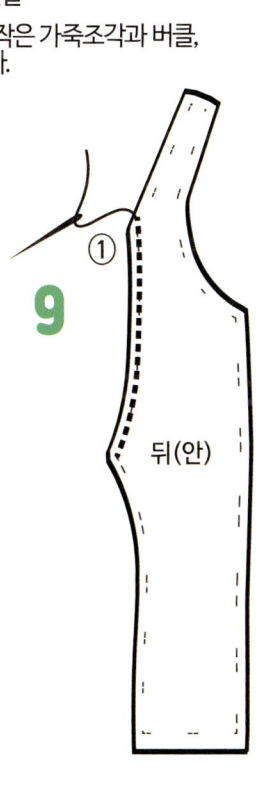

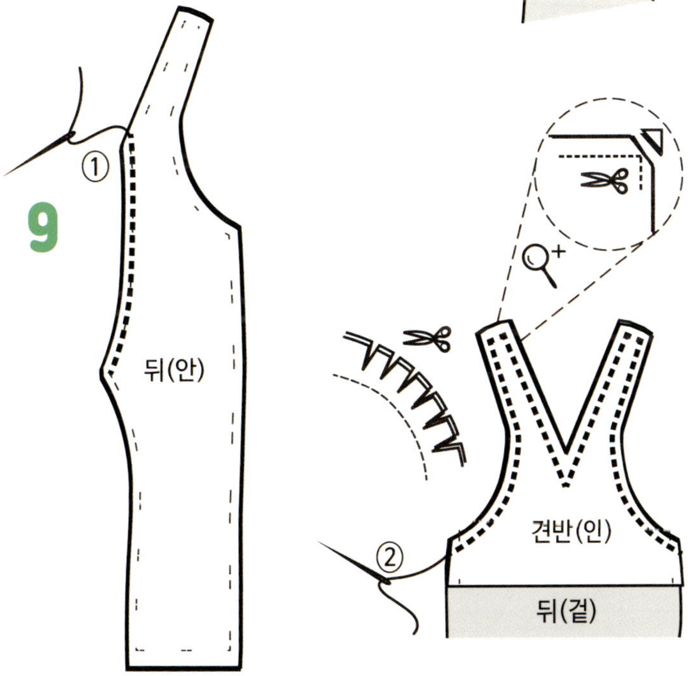

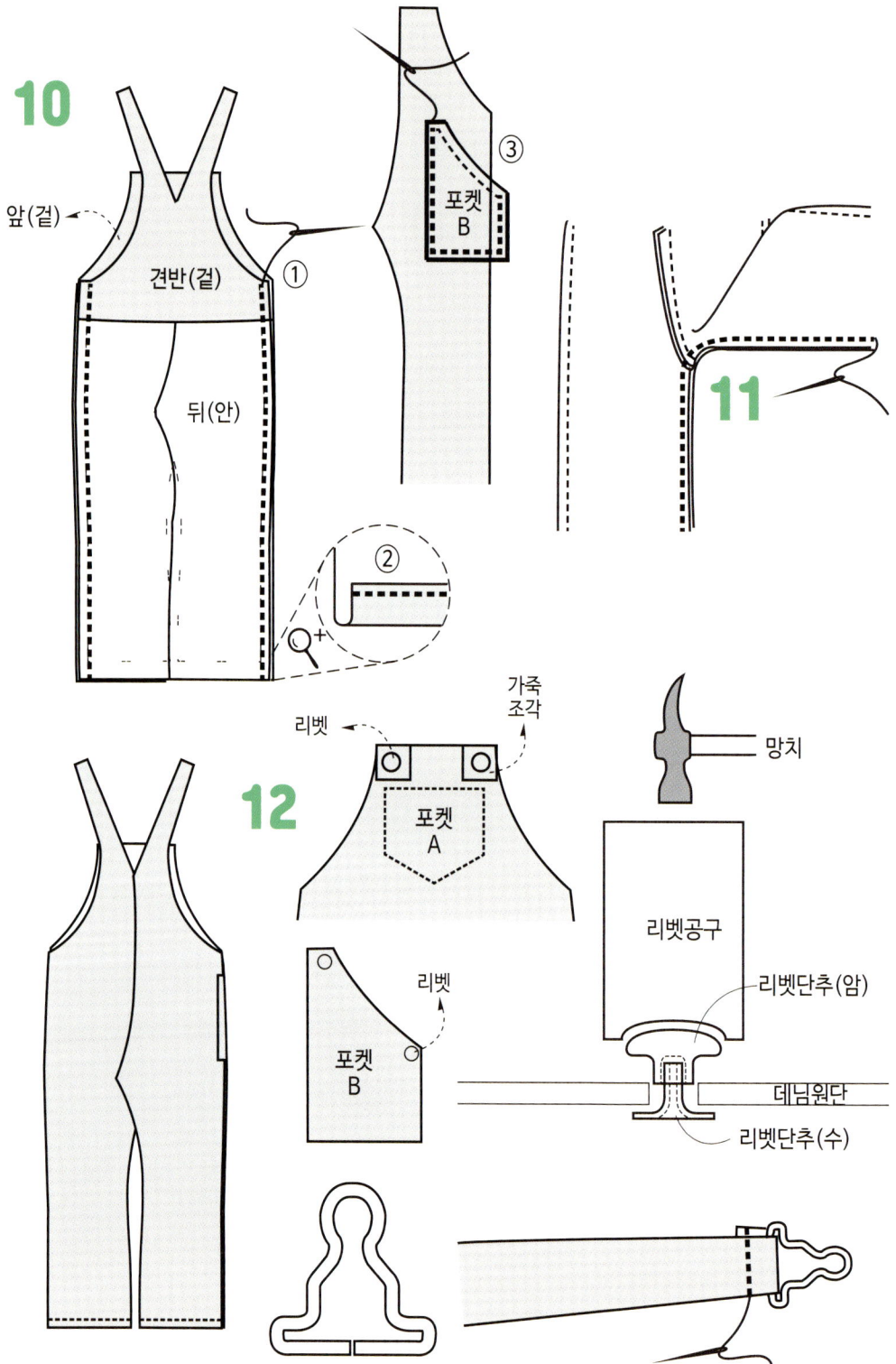

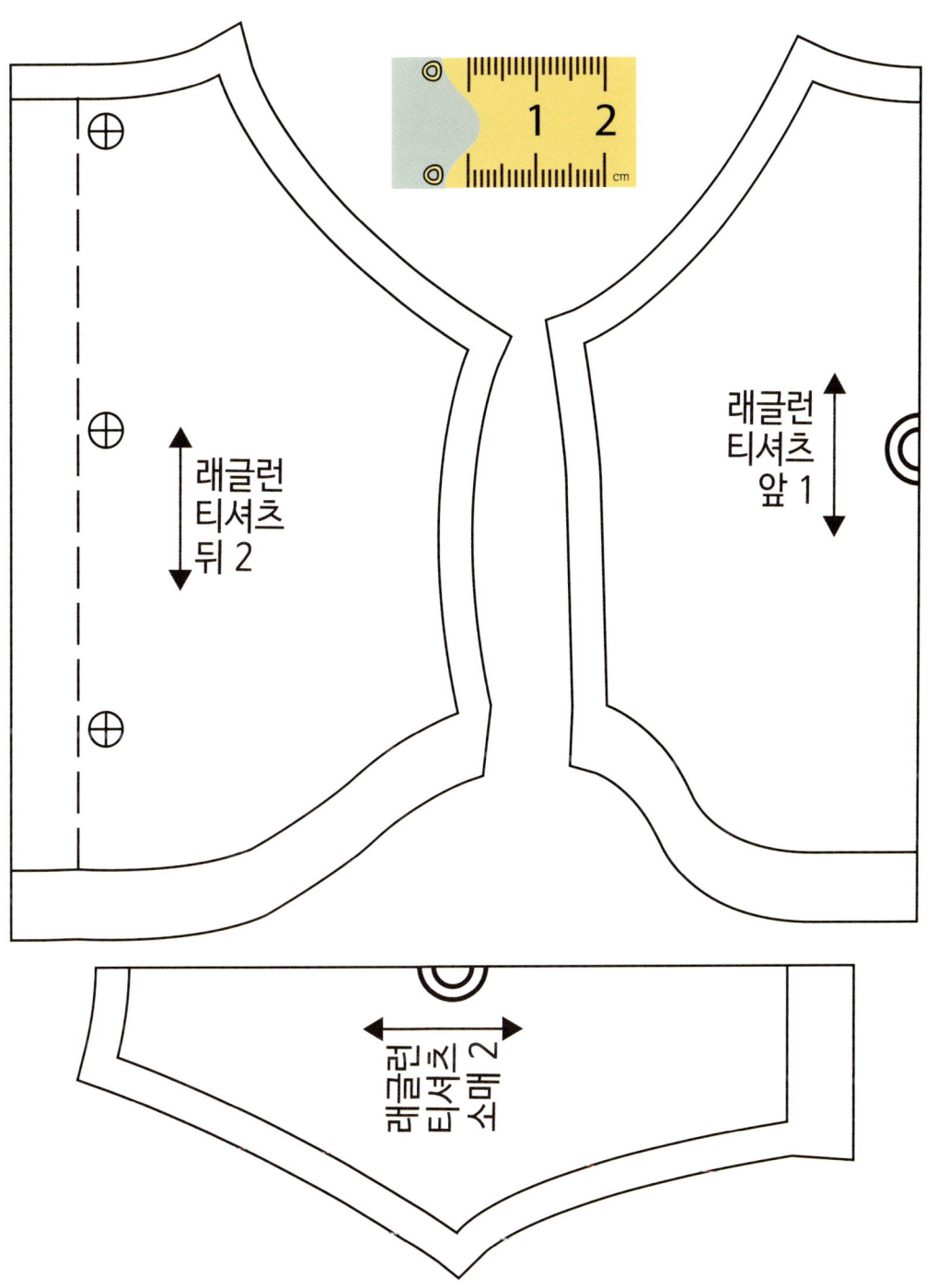

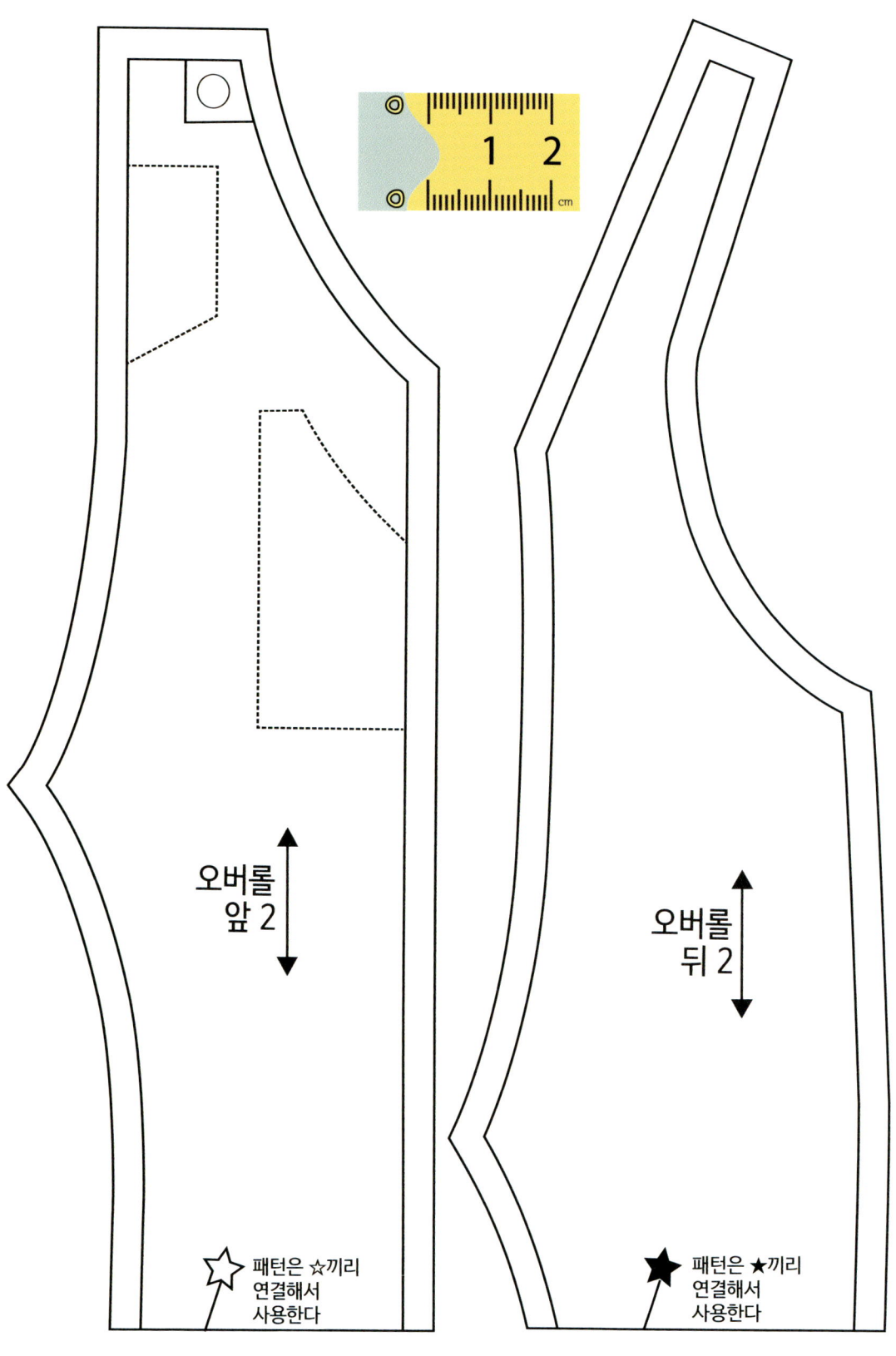

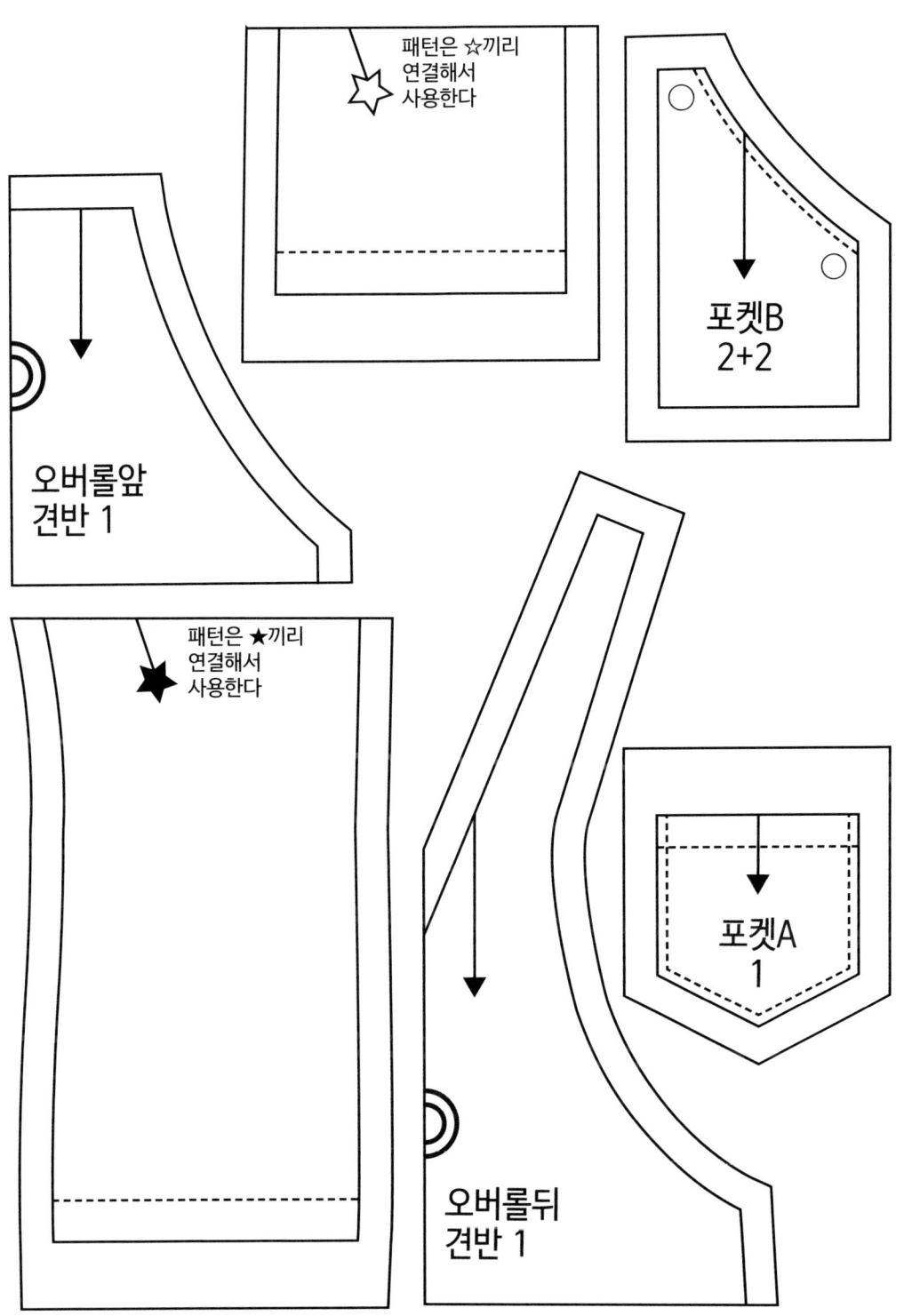

O 더플코트
package

【준비물】울, 무지 또는 체크, 가죽, 토글단추, 나무단추, 면끈, 스냅단추

【만드는방법】

1 마름질

2 포켓 연결

3 어깨 연결

어깨를 겉끼리 맞대어 박는다.

4 후드

① 후드를 겉끼리 맞대어 박는다 (겉감과 안감은 동일한 방법).

② 후드 겉과 후드 안을 겉끼리 맞대어 박는다.

③ 헤어가 나오는 곳은 상침한다.

5 소매 연결

소매중심선과 어깨선을 맞추어 몸판과 소매를 겉끼리 맞대어 박는다.

6 안단 정리

7 소매 시접, 옆선 연결

① 소매는 한번 접어 박는다.

② 앞·뒤의 옆선과 소매 밑단을 겉끼리 맞댄 다음 소맷부리부터 밑단까지 이어 박는다.

③ 밑단을 박는다.

8 후드 연결

후드와 몸판을 겉끼리 맞대어 박는다.

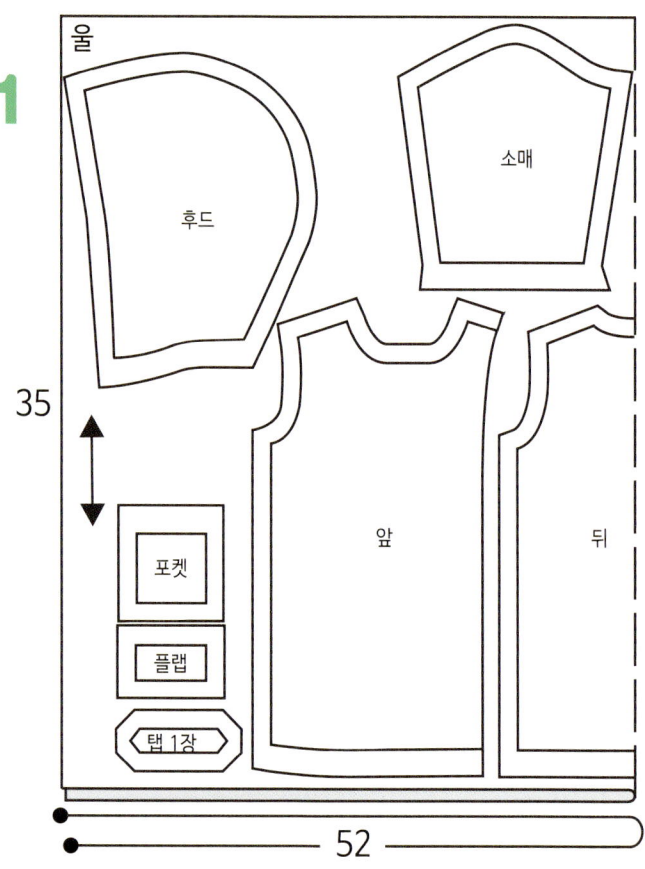

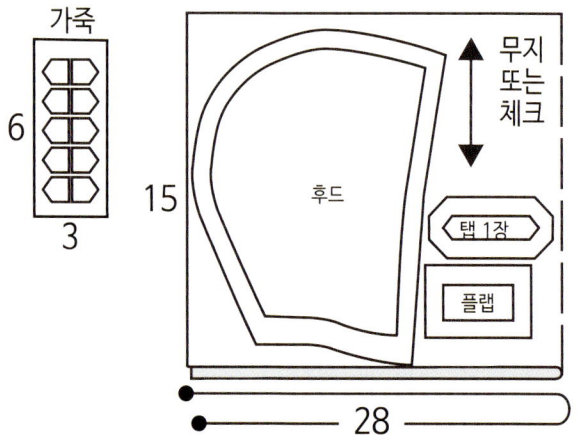

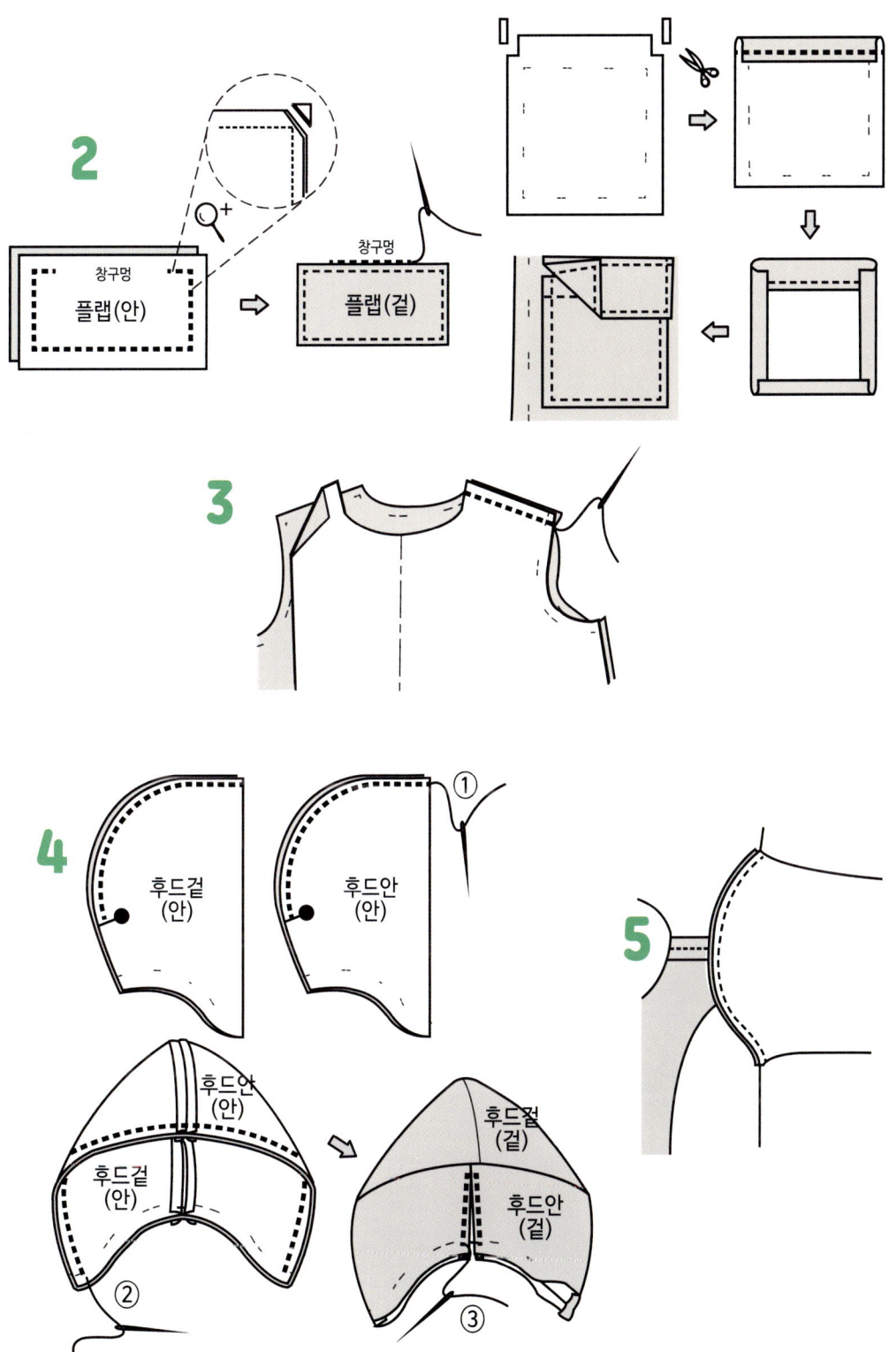

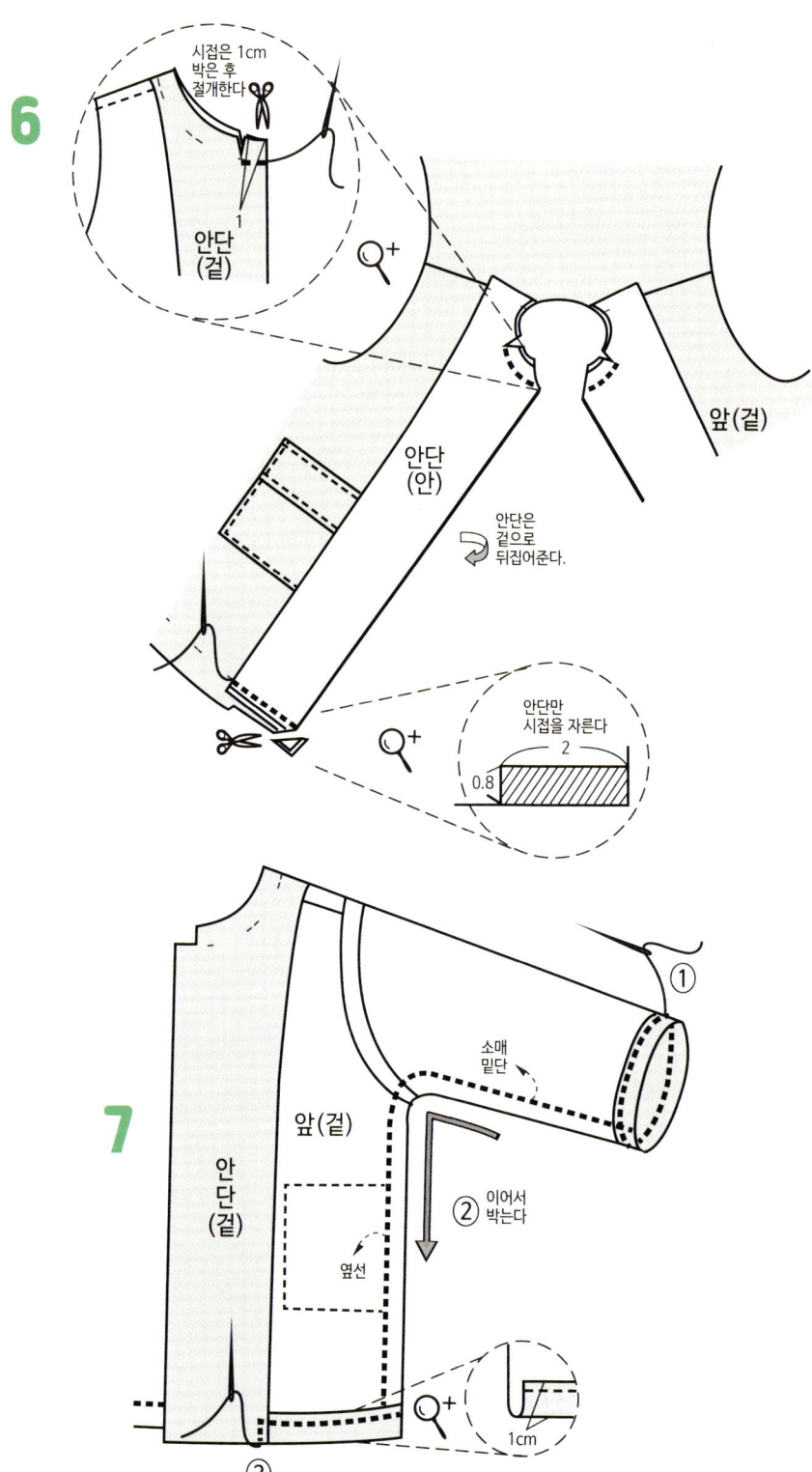

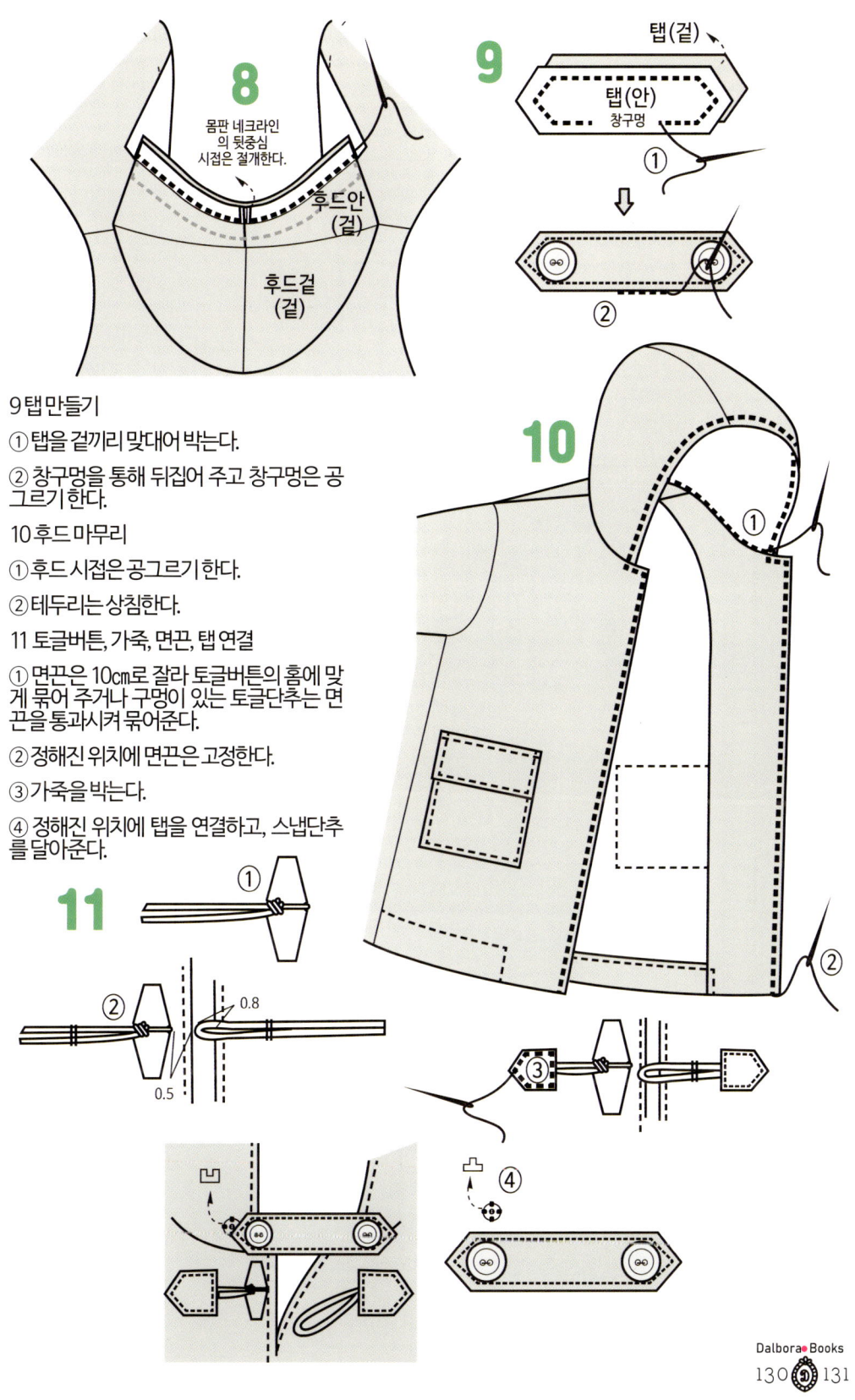

9 탭만들기

①탭을 겉끼리 맞대어 박는다.

②창구멍을 통해 뒤집어 주고 창구멍은 공 그르기 한다.

10 후드 마무리

①후드 시접은 공그르기한다.

②테두리는 상침한다.

11 토글버튼, 가죽, 면끈, 탭 연결

①면끈은 10cm로 잘라 토글버튼의 홈에 맞게 묶어 주거나 구멍이 있는 토글단추는 면끈을 통과시켜 묶어준다.

②정해진 위치에 면끈은 고정한다.

③가죽을 박는다.

④정해진 위치에 탭을 연결하고, 스냅단추를 달아준다.

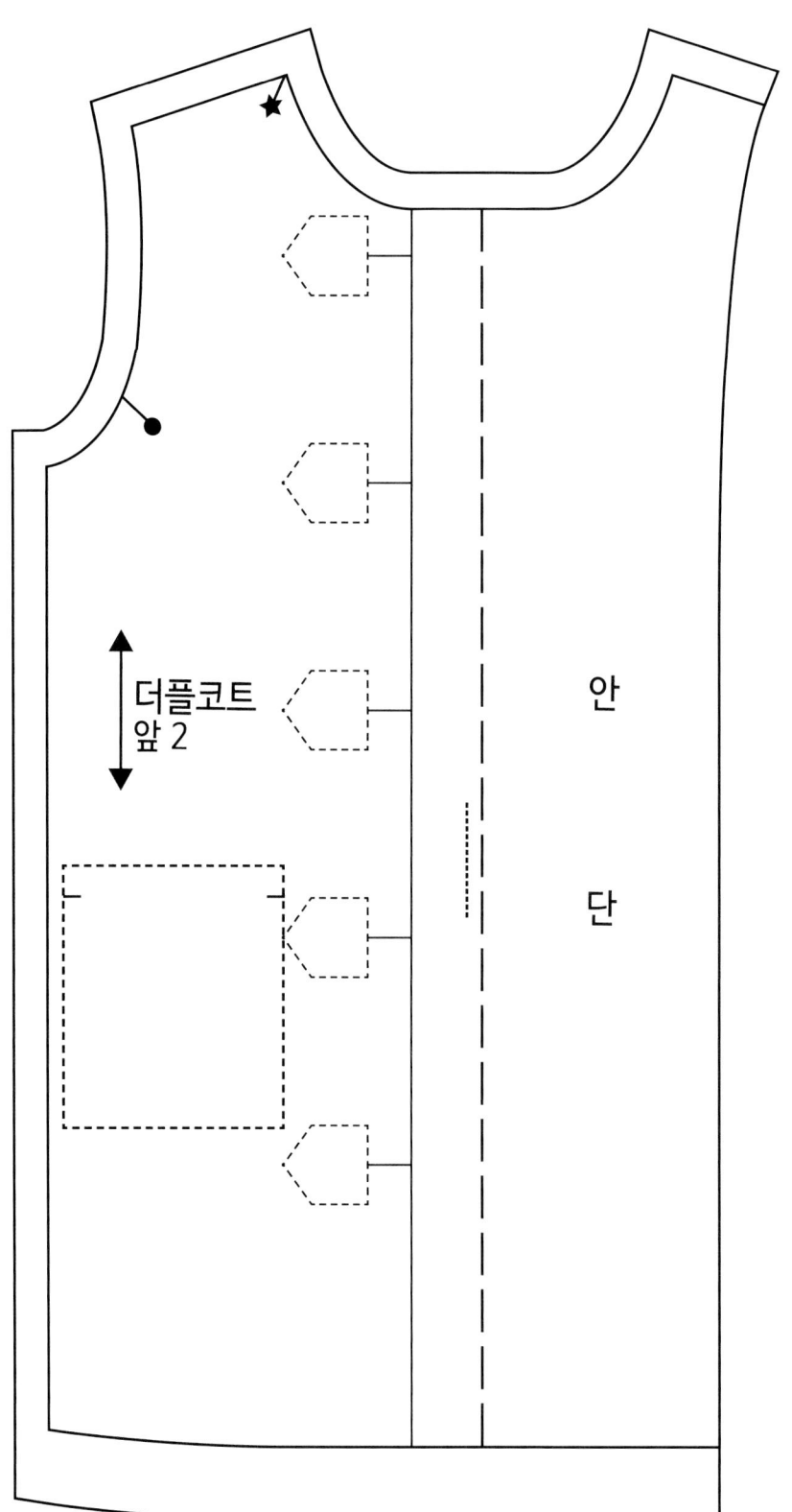

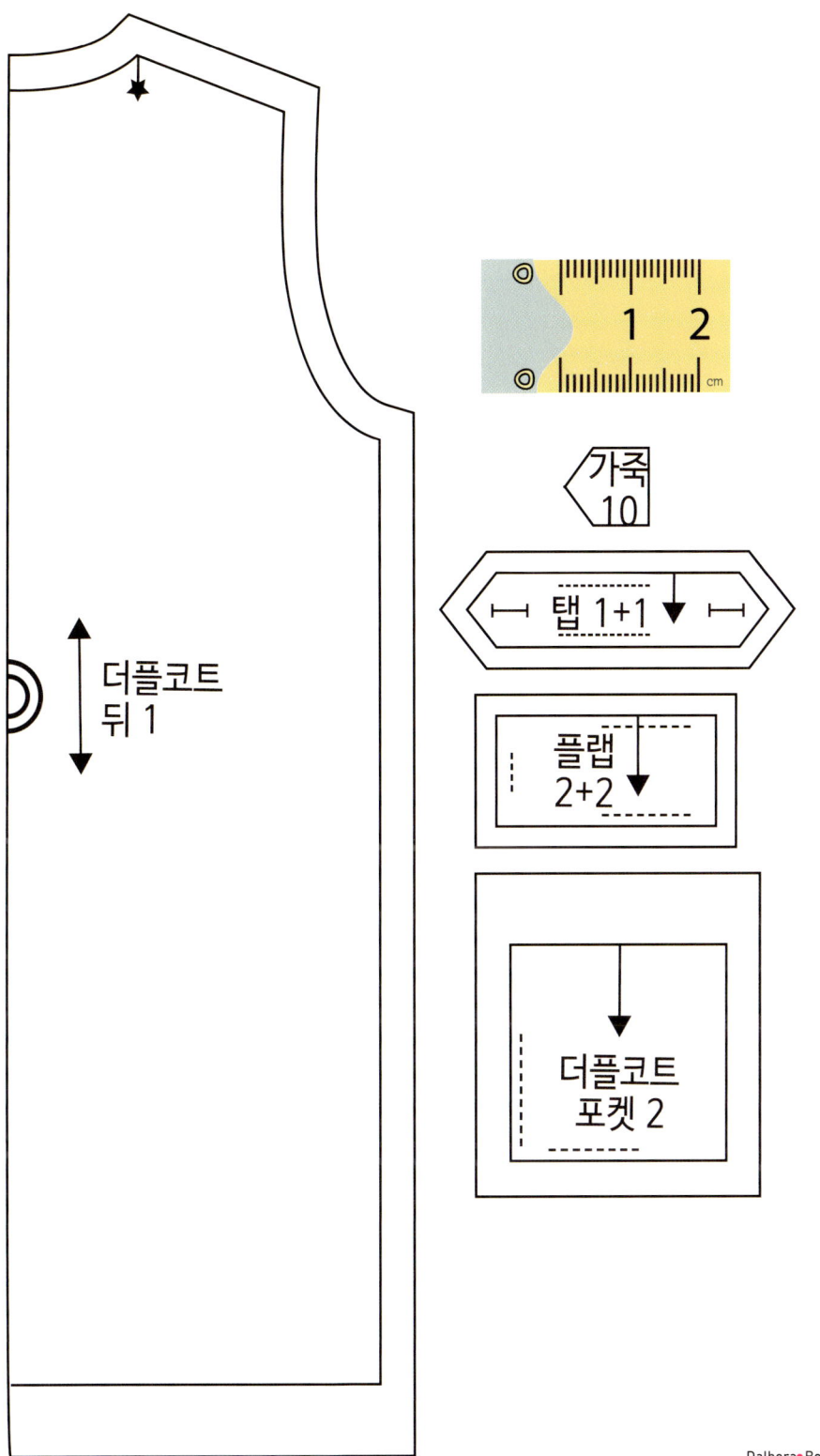

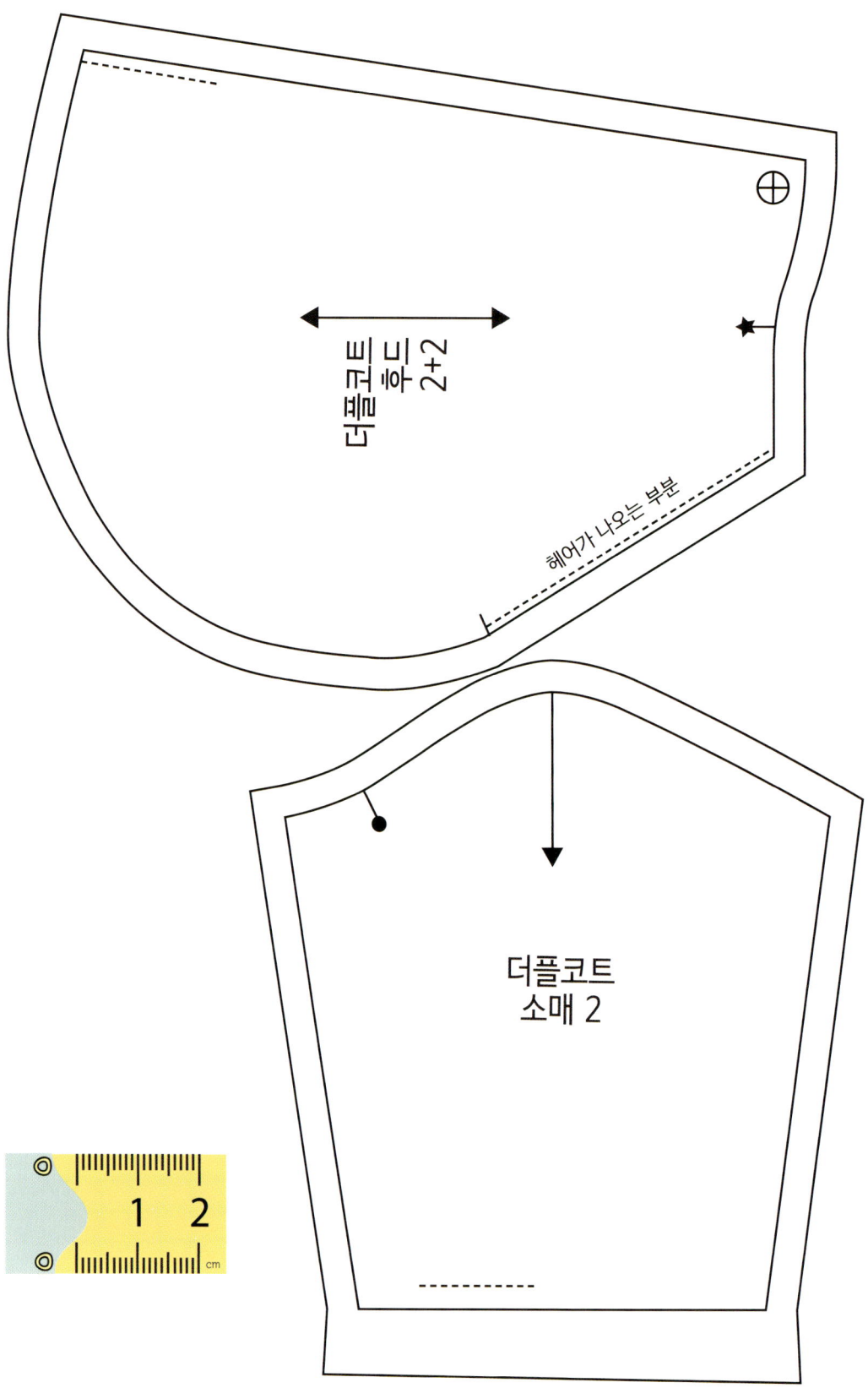

P 스타킹

【준비물】 스판레이스, 고무레이스

【만드는 방법】

1 마름질

2 고무레이스 연결

스타킹과 고무레이스를 겉끼리 맞대어 지그재그로 박는다.

3 좌·우 연결

반을 접어 겉끼리 맞대어 박는다.

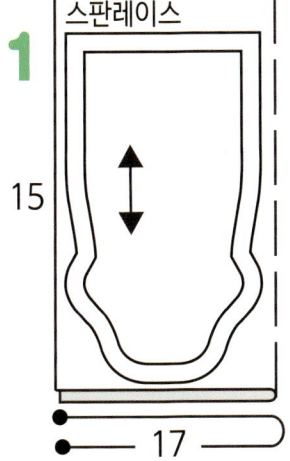

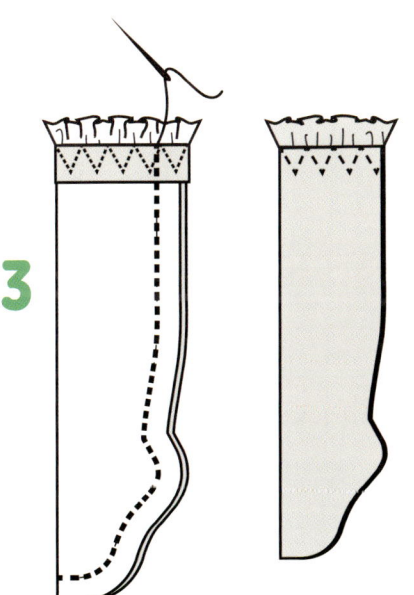

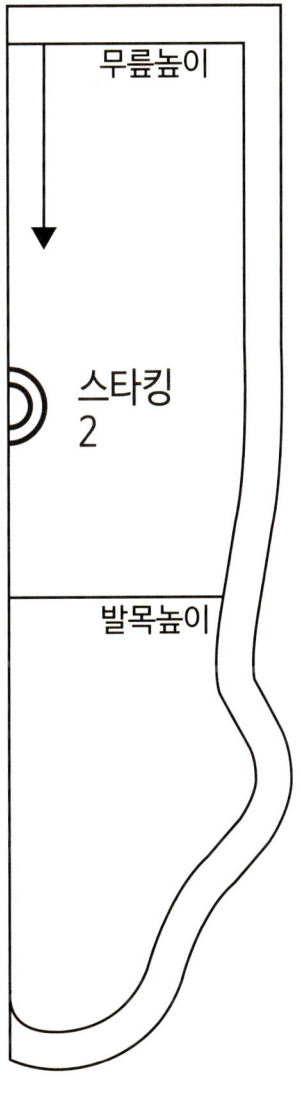

Q 만두 보닛
package

【준비물】리넨, 고무줄, 폼폼, 1.5mm 와이어(26cm)

【만드는 방법】

1 마름질

2 보닛산 연결

① 겉끼리 맞대어 보닛산을 박는다.

② 안감을 겉끼리 맞대어 박는다.

3 겉·안 연결

① 겉과 안을 겉끼리 맞대어 박는다.

② 가위집을 주고 뒤집어 준다.

4 고무줄 연결

5 와이어 연결

① 0.5cm 폭으로 와이어 통로를 만든다

② 와이어의 끝을 구부려 넣는다.

6 완성

폼폼을 달아준다.

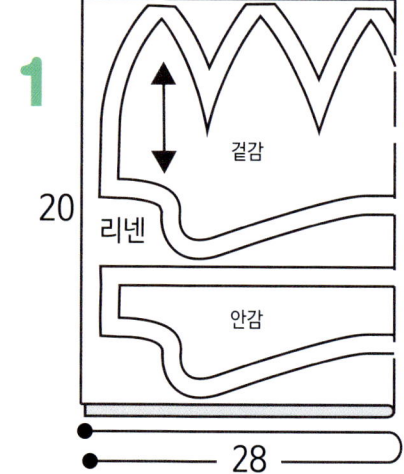

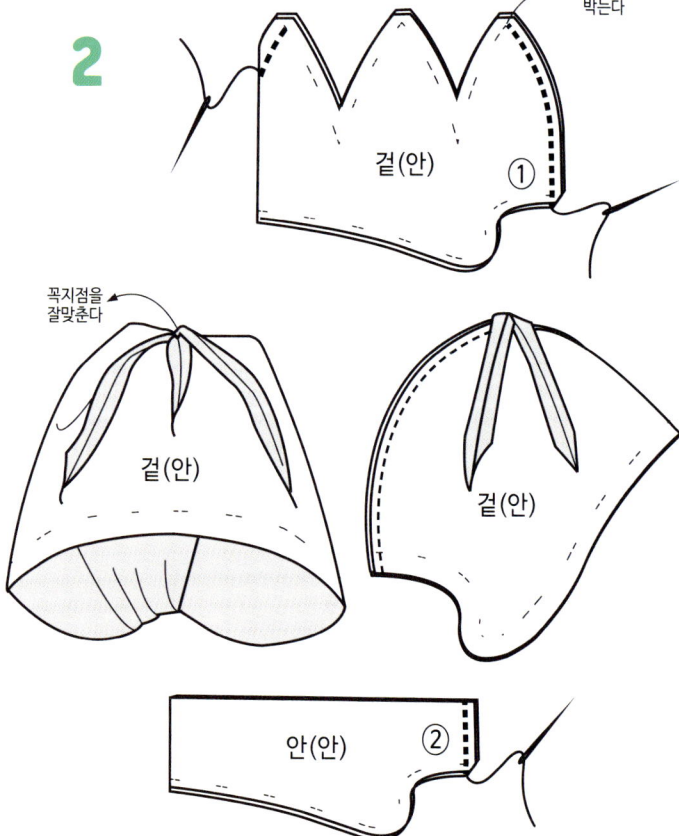

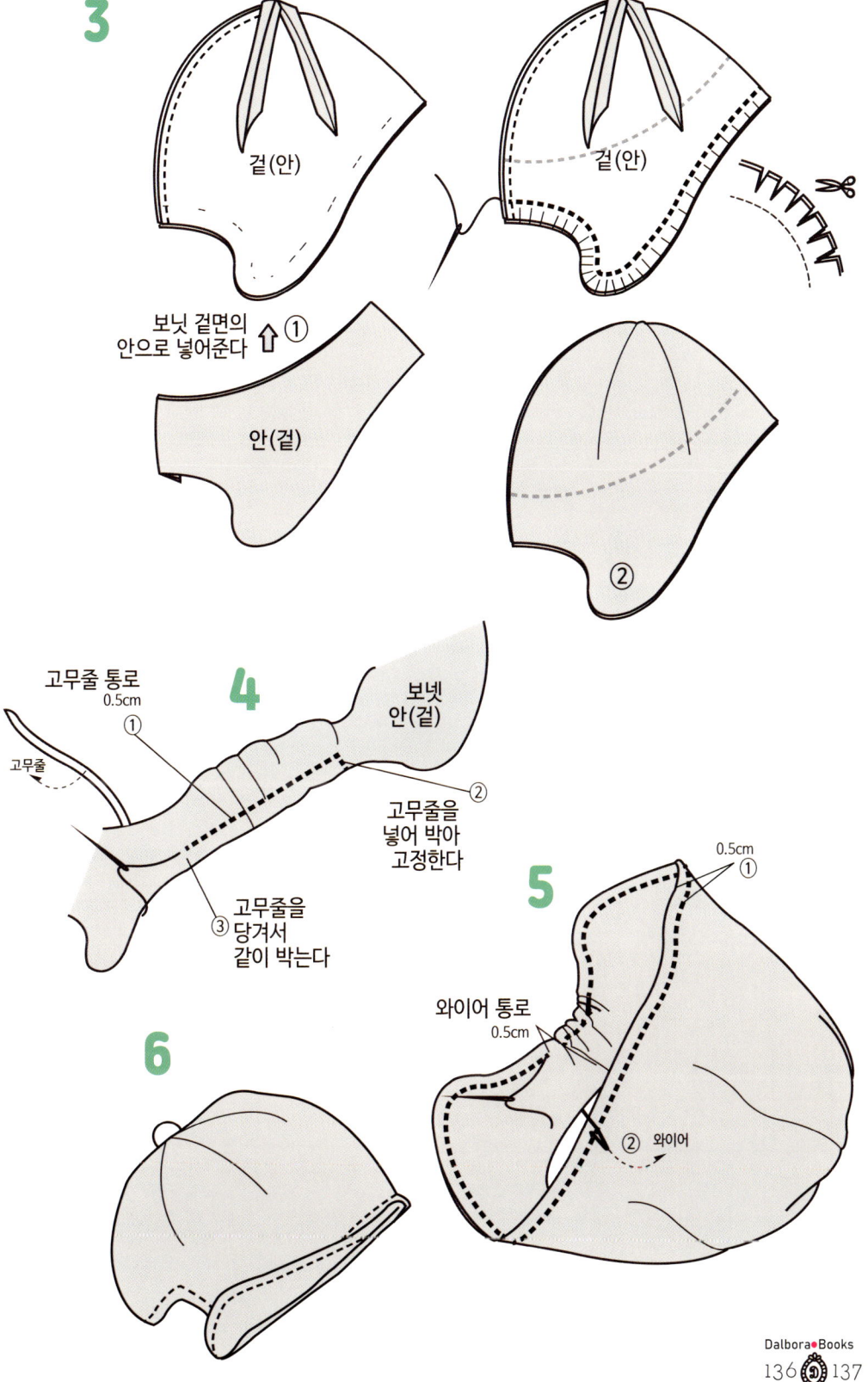

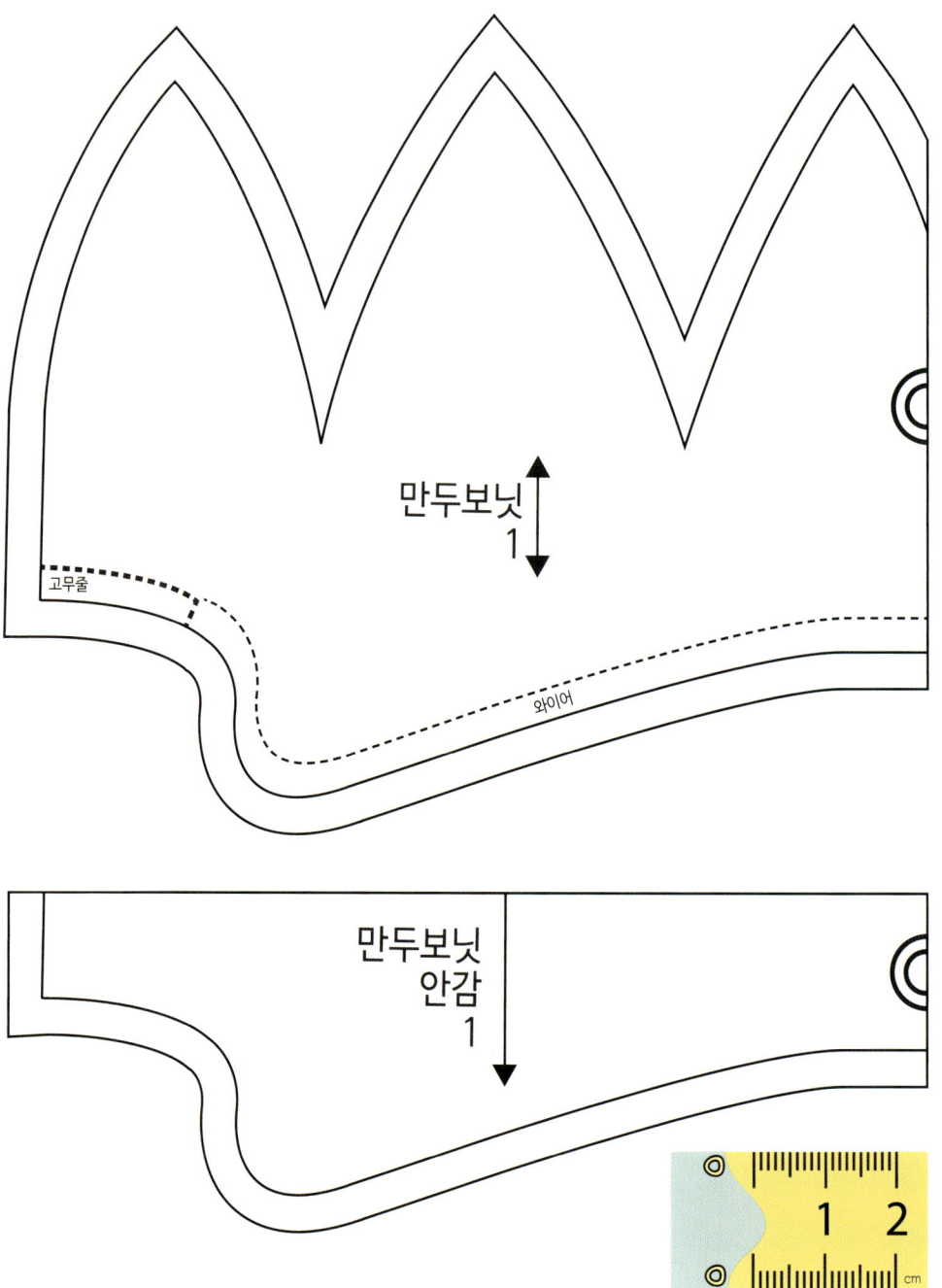

R 볼캡

【준비물】리넨, 면접착심, 폼폼

【만드는 방법】

1 마름질

2 크라운 연결

크라운 6장을 겉끼리 맞대어 박는다 (겉감·안감 동일).

3 브림

① 브림 안쪽면에 면접착심을 붙여준다.

② 브림을 겉끼리 맞대어 창구멍을 제외하고 박는다.

③ 가위집을 주고 창구멍을 통해 뒤집어 준다.

4 브림 연결

① 브림은 크라운 겉면에 시침한다.

② 크라운을 겉끼리 맞대어 창구멍을 제외하고 박아 창구멍을 통해 뒤집어 준다.

③ 창구멍은 공그르기한다.

5 완성

폼폼을 달아준다.

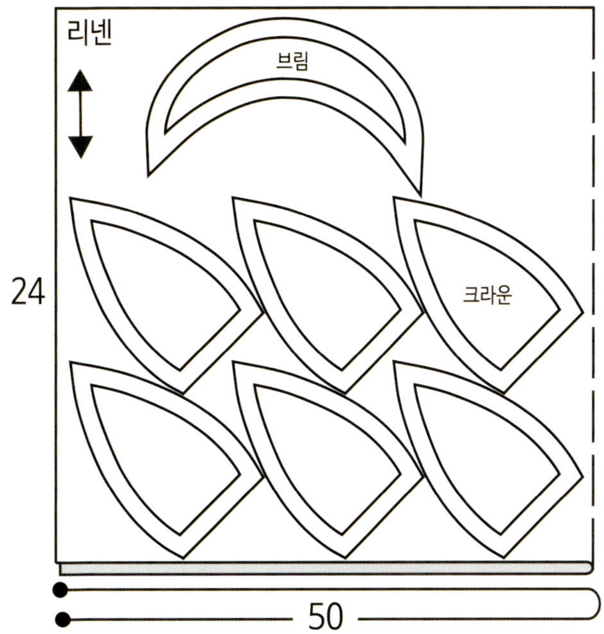

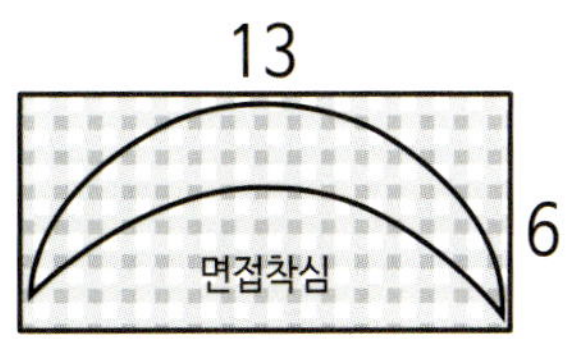

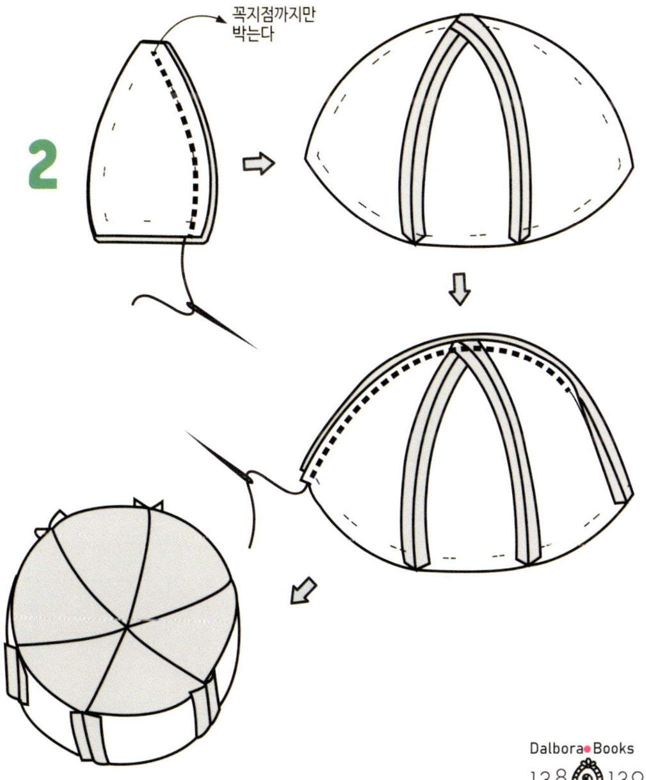

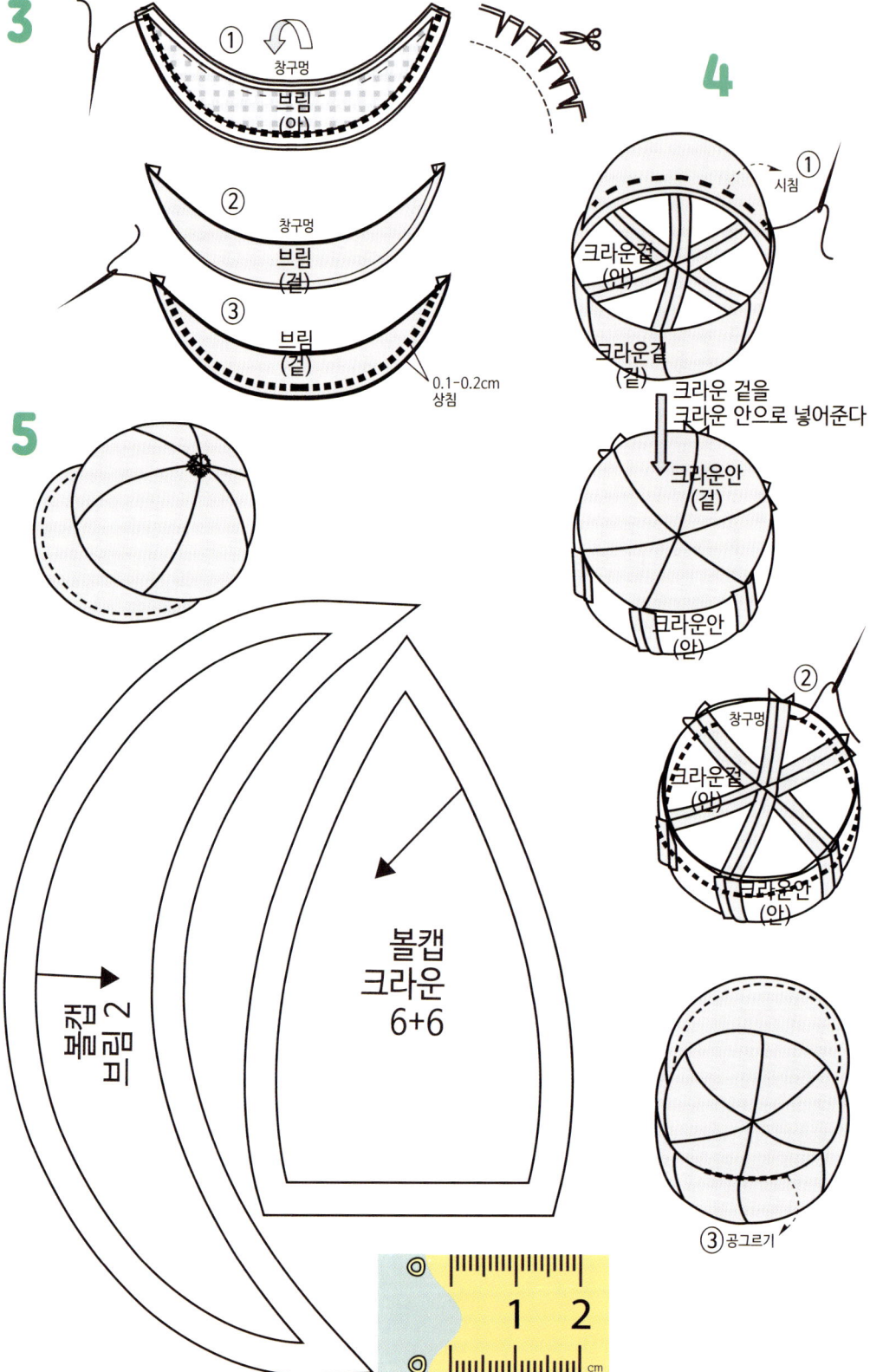

S 트루퍼 해트

【준비물】울 원단, 면, 니트방울

【만드는 방법】

1 마름질

2 해트의 산을 연결하고, 상·하단을 연결한다(겉감·안감 동일).

① 상단을 겉끼리 맞대어 햇의 산을 박는다.

② 하단을 반을 접어 겉끼리 맞대어 박는다.

③ 상단과 하단을 겉끼리 맞대어 박는다.

3 끈을 만든다.

4 겉과안 연결, 마무리

① 겉과 안을 겉끼리 맞대어 사이에 끈을 넣어 창구멍을 제외하고 박는다.

② 창구멍은 공그르기한다.

③ 폼폼을 달아준다.

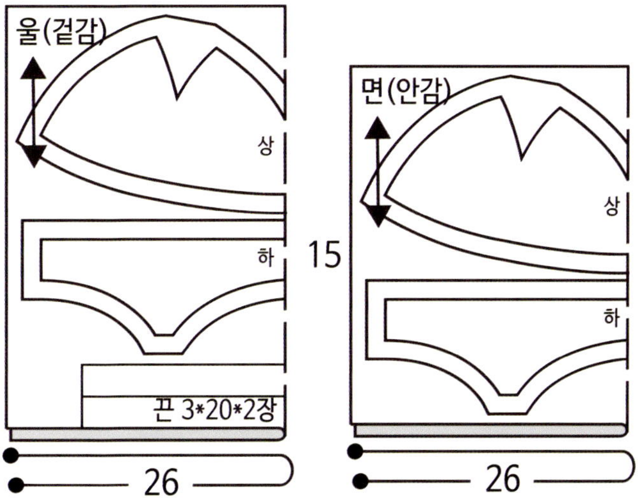

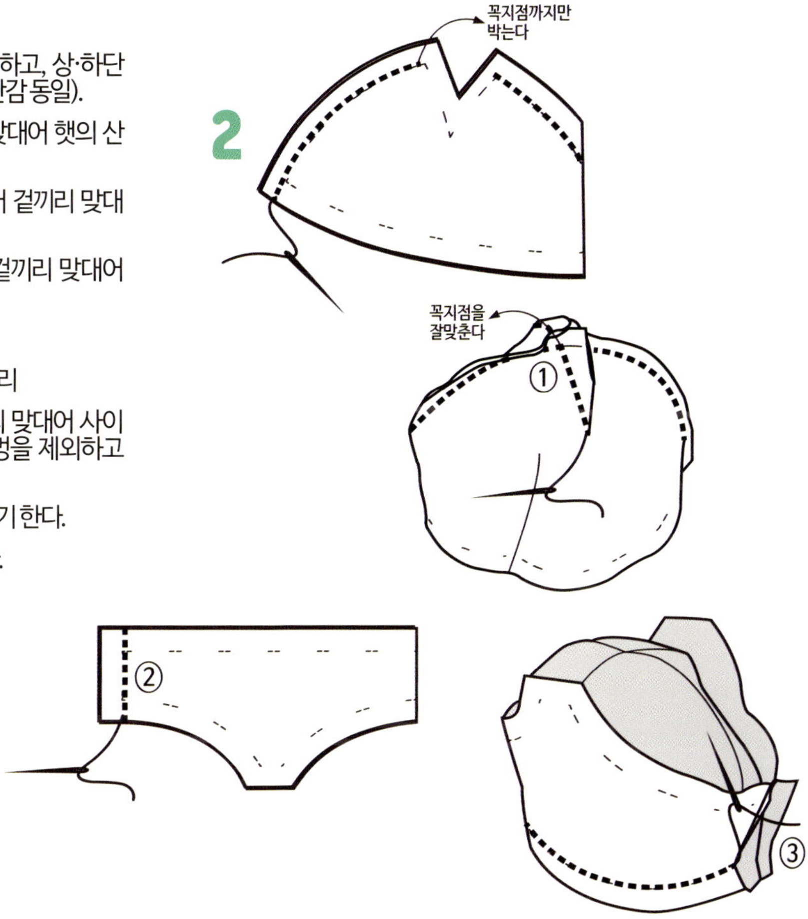

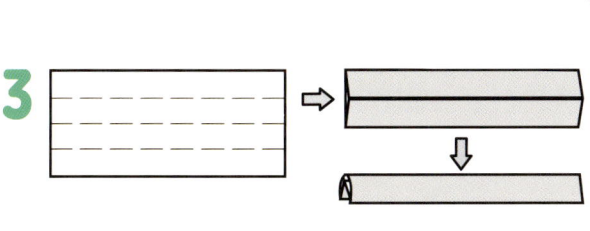

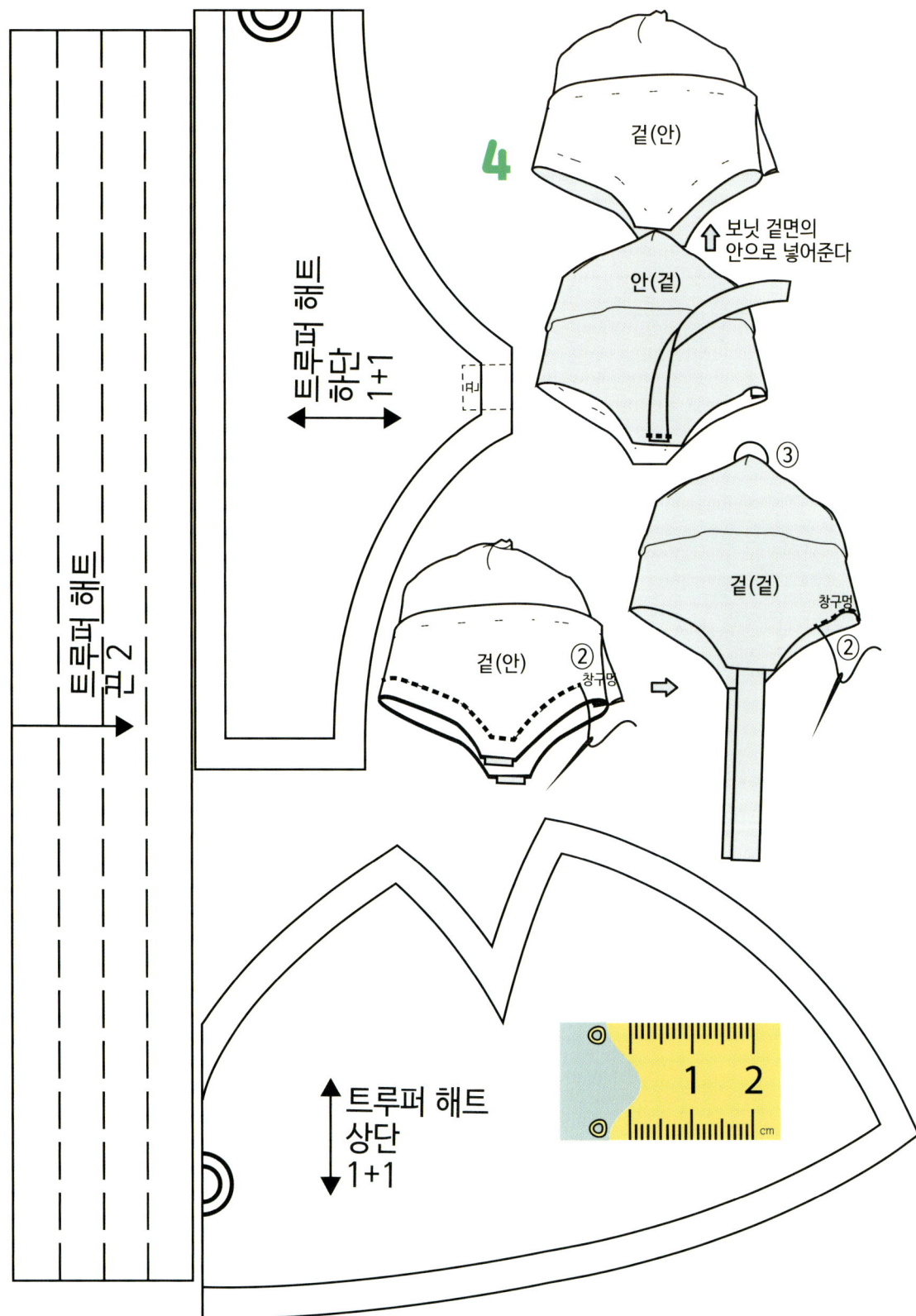

T 모카신

package

【준비물】스웨이드

【만드는 방법】

1 마름질

2 바닥 연결

3 주름

도안의 ●~●을 홈질해 당겨서 주름을 잡는다.

4 탑 박음질

① 모카신 도안의 ○와 모카신 탑 도안의 ○, 모카신 패턴의 ●와 모카신탑 도안의 ●을 맞춰서 박는다.

② 벌어지지 않도록 두 땀 감침질한다.

5 뒤꿈치를 연결한다.

6 태슬을 연결한다.

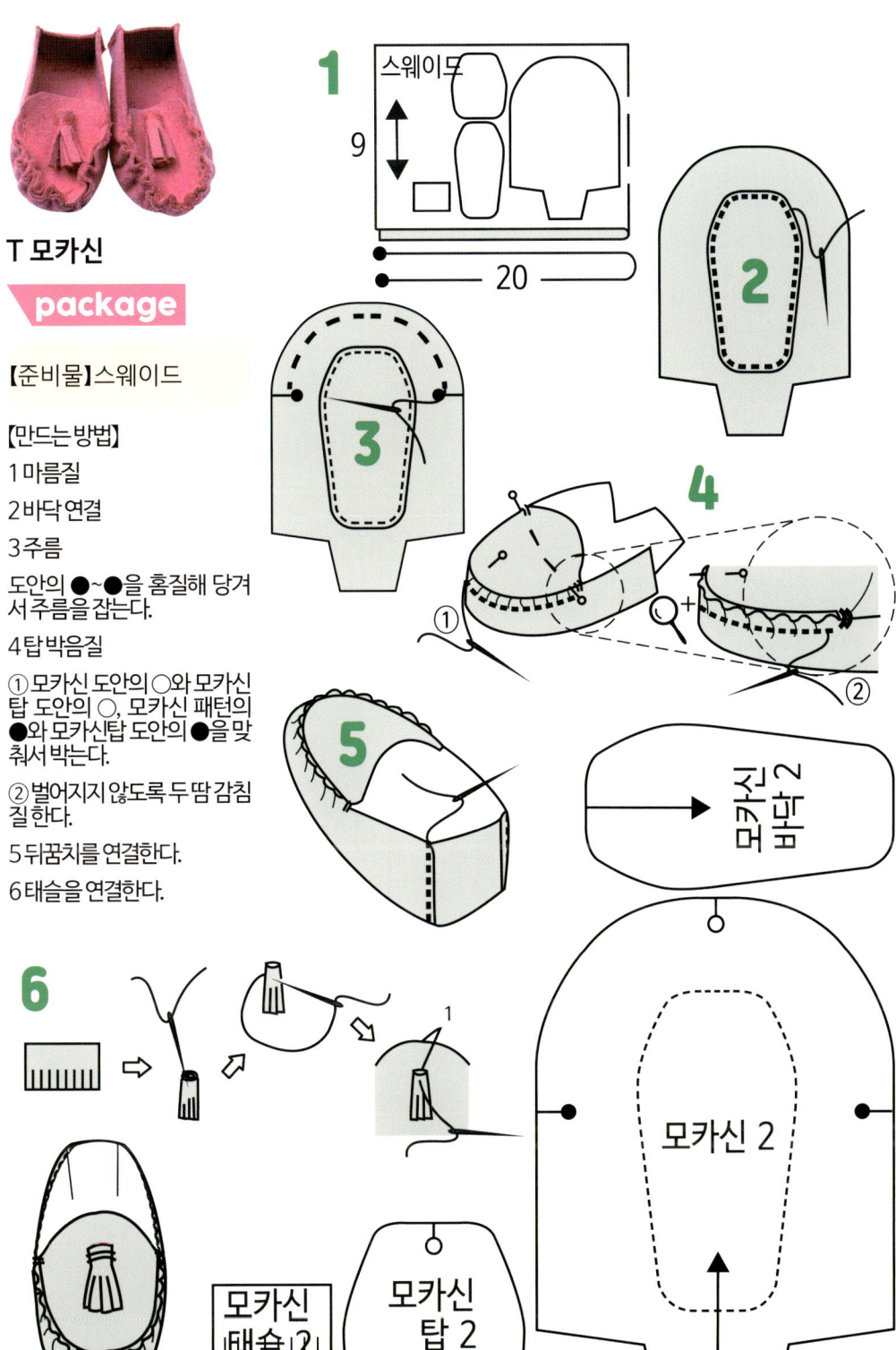

2020년 3월 10일 제1판 1쇄 발행
2020년 8월 12일 제1판 2쇄 발행
2022년 10월 18일 제2판 1쇄 발행

지은이   김유란
펴낸곳   달보라북스
주 소   서울시 마포구 독막로9길40, 1층101호 상수라이크 3
전 화   02-333-0248
이메일   hanzdoll_01@naver.com
인 쇄   팩토리비

출판등록 2019년 4월 24일 제 2019-000032 호
ISBN 979-11-969223-0-6 13630
ⓒ달보라북스, 2019, Printed in Korea

· 이책은 저작권법에 따라 보호받는 저작물입니다.
· 저자와 달보라북스의 서면 허락(동의) 없이는 무단 전재와 무단 복제를 금합니다.
· 책값은 뒤표지에 있습니다.
· 파본은 구입하신 곳에서 교환해 드립니다.

PAOLA REINA 인형은 MUNECAS PAOLA REINA S.L.의 등록 상표입니다.
PAOLA REINA dolls are registered trademarks of MUNECAS PAOLA REINA S.L.
PAOLA REINA 인형은 한국에서 (주)원앤원의 등록 상표입니다.
모든 타사 상표는 해당 소유자의 자산입니다.

이 도서의 국립중앙도서관 출판예정도서목록(CIP)은 서지정보유통지원시스템 홈페이지(http://seoji.nl.go.kr)와 국가자료종합목록 구축시스템(http://kolis-net.nl.go.kr)에서 이용하실 수 있습니다.
(CIP제어번호 : CIP2020008945)

Special thanks to

개멋진 허즈번드 곽주영님 ／ 욕망으로 맺어진 우정 로지 김성미님 ／ 든든한 지원군 미니데코 김미경님 ／ 감각 만점 꼬송베이비 최현옥님 ／ 언제나 응원해 주시는 네이버 카페 '인형옷 온라인 클래스' 회원님들 ／ 핸즈돌 회원님들 그리고 이 책을 선택해 주신 독자분들